現代雨月物語
身固異談

籠 三蔵

竹書房
怪談
文庫

目次

※本書に登場する人物名は、様々な事情を考慮して一部の例外を除きすべて仮名にしてあります。また、作中に登場する体験者の記憶と体験当時の世相を鑑み、極力当時の様相を再現するよう心がけています。現代においては若干耳慣れない言葉・表記が登場する場合がありますが、これらは差別・侮蔑を意図する考えに基づくものではありません。

身固《みがため》～まえがきに代えて

「苦しいときの神頼み」という言葉がある。

自分自身のキャパシティを凌駕《りょうが》する問題にぶち当たったとき、人は思わず「神」という名の存在に祈りを向け、その威光に頼り縋ろうとする――そうした行為を現す熟語だと考えている。信仰や宗教に関心のなかった人間でさえもが、そういった局面に陥《おちい》ったとき、一度は経験のある行為ではないかと私は考える。

その気持ち自体を察し、汲み取ることは分からないでもない。だが、果たしてその願いが叶えられたとき、それまで「信仰」のなかった方々は、改めてそれを「感謝」という気持ちに変換することが容易に可能なのだろうか。

コロナ禍が二年目を迎えたので、もう十五年程前の話になる。

その日、私は駅前の書店で、面白そうな書籍はないかと新刊本の棚を物色していた。すると、不意に誰かが私の右肩を力強く叩いた。

振り向くと、そこには意外な顔があった。

「ああ、やっぱりそうだ。×××君でしょ？」

小・中学生時代を共に過ごした、かつてのクラスメイトのUの顔である。

余りに唐突な人物との邂逅に面食らったものの、気を取り直して、お互いの近況を報告し合う。彼は小三のときに別の学校から転入してきたのだが、中学卒業後、全寮制の高校に進学して、その後、私の家も引っ越してしまった為、没交渉となってしまい、十五年振りの再会ということになった。

会話の中でUは、高校卒業後、大学に進学、その後有名な商社に数年間勤めたが、公務員試験に合格して、今は救急救命士をしているという。現在の住まいは私の利用している駅から路線バスに乗り換えて二十分程離れた場所ということであったが、体調を崩していて休職中でもあると語った。

その言葉の通り、小学生の頃から上背があり、骨太で体格の良かったUの顔は、かなりやつれた印象が伴っている。そのときは近くに奥さんを待たせているからと言うので、携帯の電話番号とメールアドレスを交換して別れた。

その後、何度か彼と連絡を取り合い、中学生の頃、お互いの共通の趣味であった洋画の話題作を見に行こうと話が纏まった。

ところが。

待ち合わせを約束していた池袋駅の東口に、いつまで経ってもUが現れないのである。予定の時刻を三十分、一時間と経過しても、彼は一向に現れない。いい加減に帰ろうかと考えていたら携帯にメールが着信した。


「帰らないでくれよ。どうしてもそこに、辿り着けないいんだよぅ」


その文面に首を傾げた。銀座や池袋はロードショー鑑賞によく訪れた場所だ。そこに辿り着けないというのは、どういうことなのだろうか。

メールの着信から更に四十分程経過して、漸《ようや》くUが姿を現した。ごめんごめんと頭を掻きながら謝る彼の姿は精彩を欠き、妙にみすぼらしい。言葉も上手く出てこない様子で呂律が回っていない。学生時代は学力も優秀で、体格に恵まれスポーツもこなし柔道も黒帯。左足に軽い障害を持ち、体育の時間等には身体を持て余し気味だった当時の私にとって、Uは眩しい存在とも言え、その余りの変貌ぶりに驚きを隠せなかった。

「どうしたの？　初めて来る場所じゃないでしょ、ここ」

当たり前のような質問が、口から洩れる。

彼も私も、それなりにいい歳である。山手線で迷子になるなど考え難い。するとUは顔を歪めながら「取りあえずどこかへ入ろう」と私を促した。季節は初夏に差し掛かった頃で、長時間強い陽光に照らされ、私も喉が渇き切っていた。Uと私は、近くのファストフード店の軒先を潜った。

すっかり腹を減らしてセットメニューを注文する私とは裏腹に、食欲がないというUは飲み物だけを注文する。「一体どうしたの？　何があったの？」という私の問い掛けに対して、目の前に置いたアイスコーヒーを睨みながら、彼は、ぽつりぽつりとこんな話をしてくれた。

——それは駅前の書店で、私とUが再会する半年程前のこと。

救命士として所属の消防署で激務をこなしていた彼は、その日「路上に人が倒れている」という一一九番の要請で、同僚数人とともに救急車で緊急出動した。

現場に駆け付けると、アスファルトの上に若い男性がうつ伏せで倒れている。眼前のビルからの投身自殺らしい。何階から飛び降りたのかは不明だが、うつ伏せの状態で地面に激突したのだろう。横たわる男を中心に放射状の血溜まりが広がっていて、目を覆うような惨状だった。仲間とともに抱き起こした自殺者の顔面は、完全に紛失していた。

私はグロ描写の怪談綴りではないので、そのときの自殺者の状態についての詳しい描写は避けたい。ただ、硬いコンクリートの壁にトマトを力一杯投げ付けたら、その状態に近くなるのではないだろうか。

それでも男性は、まだ生きていた。

ひと目見て「これは助からない」と思っても、まだ息があれば、救急活動は患者を収容して病院へと搬入しなければいけないルールなのだそうで、Uと同僚等は、その半潰れの若い男をシートで覆い、ストレッチャーに載せて救急車に収容、そのまま近くの救急病院への搬送を試みたそうである。

その途中。けたたましくサイレンを鳴らす救急車の車内。突然誰かがUの右手を掴んだ。ぎょっとしてそちらを見ると、ストレッチャーから半身を起こした顔のない男が、ぱくぱくと潰れた口を動かし、そのままかくんと力尽きた。

彼の右手を握ったまま。

その翌日から、彼の不調が始まったのだという。

勤務中に突然、意識が朦朧となり飛んでしまう。自分がそれまで何をしていたのかが分からなくなる。仕事帰りや非番の日など、ふと気が付くと知らない場所に佇《たたず》んでいる。同僚や家族の言葉が理解できず、会話が上手く成立しない。何をしても気分が盛り上がらず食事も摂れない。全てがそんな調子で、じんわりと仕事自体に影響が出始めた。

診療した医師の診断は「過酷な労働環境による重度の鬱状態」。

そんな経緯を経て、彼は休職にまで至った訳なのだが、かれこれ半年になるのに、回復の兆しがまるで見えてこないのだという。今日も電車に乗っている最中に突然意識が飛んでしまい、山手線を一周してしまったのだと彼は呟いた。そして何をする予定だったのかもなかなか思い出すことができず、こんな時間になってしまったのだと釈明した。食欲も全く湧かない為、飲み物と栄養剤だけで毎日を過ごしているのだと肩を落としながらUは語った。

腹を減らし、セットメニューを頬張っていた私は、何だか気恥ずかしい気分に陥ってしまった。なるほど、彼のあの異様なやつれ具合の原因は判明したが、私だったら、Uの所属している過酷な仕事環境に耐えられるだろうかと思いを馳せた。そして、救命士として毎日の激務をこなし、心身を擦り減らし切ってしまったかつての同級生の身の上に深い憐憫の情を感じるとともに、怪談綴りとしての、もう一つの疑問が心の中に生じてもいた。

――それは、医者では治せないのでは？

この本のページを捲っている読者諸君であれば、容易に察しが付くだろうと思う。医師の指導の下で症状が全く改善されないのなら、Uの身に起きていることは、自殺者に関わったことによる「憑依現象」ではないのだろうかと。付け加えてUが語った言葉によれば、自殺者は現場近隣の高校生で、動機は、自身の進路や人間関係に悩み抜いた末の行為であったそうなのだ。まだまだ人生初頭の段階で、ビルから飛び降りざるを得なくなった十代の若者は、その身の内に、何を抱えていたと言うのだろうか。

私は怪談綴りという現在の自身の立ち位置を簡潔に語り、やや間を置いてから「それ、ダメ元で一度、どこかでお祓いを受けてみたらどうだろうか？」と提案してみた。合理主義者で、学生時代はオカルトや心霊現象に批判的だったUではあるが、そのときはかなり進退窮まっていたのか「どこに頼めば良いのか」と縋るように尋ねてくる。私は有名な神社の名前を幾つか口にした。

早速試してみることにするとUは口にして、その日は彼と別れた。


数日後、携帯のメールに思いもよらぬ着信が届いた。


「×××君、先日はありがとう。神社って、あんなに凄いものとは思わなかった」

一体どうしたのかと文面を読み進めていくと、どうやらUは私の言葉に従って、ある有名な神社でお祓いを受けたそうなのである。するとその直後に「腹が減った」と自然に言葉が出て、帰り道には二人前の食事をペロリと平らげ、同行した奥さんを驚かせた。そして現在は意識が飛んだり、不可解な行動を取ることも大分治まってきたのだという。

ああ、お祓いの効果が上手く出たんだと、私は安堵した。

「医者が半年掛けても治せなかったのに、びっくりしたよ。こんなことが本当にあるんだな。そうそう、神社から御札を貰ったので、これをどういうふうにすればいいか分からないから、いろいろ教えてくれないか」

私は彼の申し出を快諾した。私自身も本書の姉妹刊である『方違異談』に掲載された「坑の中」という事件に関わりを持ってから神棚を祀るようになった経緯がある。形こそ違うが、生死の狭間を行き交う仕事である救急救命士のUにとって、これからも先の件のようなことは起こりかねない。そうしたものの庇護があった方がいいだろうという考えからだった。

こうしてUの自宅には、お祓いを受けた神社の神棚ができあがった。

ところが二か月程経過して、携帯にUから奇妙なメールが入った。

「……×××君、相談があるんだけど、うちの神棚がちょっと変なんだ。様子を見に来てくれないか」

まさか、あの自殺者の件がまたぶり返したのかと、私は慌ててUの自宅を訪ねた。ところが、いざ神棚を前にして、何もおかしなものは感じない。首を傾げながら何が変なのかとUに尋ねると、彼の口から驚きの言葉が発せられた。

「だって、もう神棚を作って二か月にもなるのに、何もいいことが起きないんだよ。競馬や麻雀で勝てる訳でもないし、宝くじだって供えているのに当たらない。昨日なんてパチンコ帰りに車を擦っちゃうし、これ、おかしくないか？」

何を言いたいのか、意味が分からない。どういうことなのかと問い質《ただ》すと、

「だって、神様って正義の味方なんだろ？　困った人間を守るのが仕事なんだろ？　だったら、他人の為に散々苦労して困っている俺を助けて楽をさせてくれるのが筋じゃないか。それなのに、お祓いのとき以来、一生懸命手を合わせているのに何も変わらないなんて変だろ。だから神棚がどこかおかしいんじゃないかと」

余りのことに呆然とした。

その物言いから判断すれば、どうやらUは神様や神棚というものを、何らかの「幸福発生装置」のような感覚で捉えているらしかった。そして、その装置を設営したにも拘らず、日々の生活に何の変化が起きないということを奇妙に感じている様子なのである。

「この神棚は不良品じゃないのか？」

そんな言い回しが脳裏を過《よぎ》った。有名私大を卒業して、私よりも学歴や経歴が上である筈の彼が、そのようなことを理解してないということに、驚きと戦慄すら覚えたのである。U君、神様というものは、そういうもんじゃないという私の言葉に、彼は子供のような表情を浮かべて首を傾げている。

どこでどう方向性を穿き違えると、こういう着地点が生じてしまうものなのか。

「……だって×××君とこは、身寄りもないのに、環境的にうちよりもずっと恵まれてるじゃないか。住まいも便利な場所にあるし、健康だし、大学も出ていないのにいつの間にか作家の肩書きなんか持ってるし、おかしいだろ？　何か神様とか、そういうことに恵まれる特別なコツとか、隠しているとかじゃないの？」

結局、この日、何を言ってもUは頑として自説を曲げようとしなかった。そして、その後も、どんなコツがあるのかと執拗にメールで尋ねてくる。

医者が半年掛けても糸口すら掴めなかった体調不良を治した奇跡を体験したUは、そうした手段で「楽して幸運に恵まれる方法」があるのだと勝手に思い込んでしまったのである。これが理由で、私は彼と距離を置くようになった。これ以上のアドバイスはむしろ曲解を招くだけだと判断したからだ。

ところがU自身は私の言葉に納得していなかったらしく、休職中であることを利用して、ネットで評判に上がっている神社やパワースポットを検索しては次々とそこへ足を運んだらしい。

もっと即効性があり、御利益のある「分かり易いもの」を求めて。

そして、ある場所でカルト宗教のようなものを主催していた男性と関わり、彼の教えに傾倒するようになった。

「××さんは凄えんだぜ。ひと目で俺の病状や境遇も見抜いたし、呪文みたいなのを唱えて病気とかも治せるんだ。神社で賽銭箱に十円入れて手を叩けば願いが叶うなんて大間違いだって××さんは言ってるぜ。願望達成にはそれなりの金額が必要なんだって。×××君もあんな子供騙しな神棚なんか捨てて、一緒に××さんところに行こうよ」

彼は新興宗教にのめり込んでいく人間の典型的なパターンに陥っていた。

目の前に提示された奇跡と、理解し易い教義と、その代金としてのメニュー表示。理解し難く曖昧で、きちんとした形のない「信仰」というものが理解できないUにとって、このカルト男性の教義は非常に受け入れ易かったらしい。私が申し出を断り続けると、やがて彼からのお誘いは来なくなった。

それから半年後。

私と妻が久しぶりの連休で伊豆の民宿に遊びに来ていると、不意にUからのメール着信があった。

そして、そこには驚きの内容が記されていた。

その日の午前中、すっかり体調を取り戻したと思っていたUは、奥さんを伴って近隣のスポーツセンターでトレーニングを行っていたそうである。あと一週間もすれば職場復帰を果たせるいう医師の診断も出ていたのに、彼はその場所で突然昏倒して救急車で搬送されたのだという。

病院でどんな診断が下されたのかは不明なのだが、彼の肉体は、一年前に私と再会した辺りの頃の状況に逆戻りしていたそうである。

「×××君、この世には神も仏もないいんだろうか。一体何で俺がこんな目に遭い続けなくてはいけないって言うんだ……」

彼のメールは、そんなふうに締め括《くく》られていた。

この事件は、今日に至るまで、私の心に大きく刺さったままになっている。

それは一番初めにお祓いを受けた神社の神棚がその後どうなったかということだ。

彼はお世話になった筈の神社の神棚を役立たずと口にして、カルト宗教の男性の言葉のままに、我が家の神棚すら「捨てろ」と示唆した。

その言動から、U家の神棚がどうなったのかは容易に推察できる。

そして自身が招いてしまった結果に対して「神も仏もない」とは、どういう意味なのだろうか。余りにも恐ろしい想像ゆえに、私は今もそれを確認できていない。

実は私は、知り合ったばかりの方と神社仏閣に同伴することを、現在控えている。何故ならこの友人Uに関する事件の後、更に同じような件が二度程あり、二回とも同じような顛末を迎えてしまったからだ。うちの一人は怪談書きであり、あとの一人は、人外のものが視える「霊感者」であったにも拘らずである。

信仰は神様との約束事であり、継続性がなければいけないものだが、人は、喉元過ぎれば熱さを忘れる生き物である。

本書「身固異談」は、そんな現実に対する、私自身の一つの提案の表れと考えてページを捲ってくだされば幸いに思っている。「身固」とは陰陽道で言う身体健全の加持祈祷を指すとともに「物事を準備する」という意味合いも伴っている。

某カンフー映画の有名な冒頭シーンの言葉ではないが、神仏や信仰というものは頭で考えるものでなく、その教えや流れを「肌で感じていく」ものではないだろうかと考えているし、またそれが不可解で掴み難いものであるからこその「熟考」＝「道」が成立しているのではないかとも考える。

したがって、本書を手に取って戴いた読者の皆様には、取り上げた様々な逸話の数々を通して、事象の陰に含まれたものを少しでも拾い感じ取り、心得として頂ければ、執筆者として幸いに思う次第でもある。

それでは再び、そして共に、不可思議な異談の領域へと。

墓石

私自身の、二十代の頃の体験である。

当時私の所属していた職場は、ある一流企業の系統会社で、親会社がアメリカンフットボールのチームを持っていた。そのチームがライバルチームと試合を行うことになり、営業所の人間等も、最低限の人員を除いて試合場に応援に向かうこととなった。勿論就業扱いである。

試合場は当時の後楽園スタジアム（現東京ドーム）。我が社のチームは残念ながら相手に大敗してしまったが、ビール片手に応援していた先輩等は大盛り上がりで、試合が終わってからも熱気が収まらず、翌日が日曜だったのも手伝って、どこかで飲み直そうという話になり、拠点の仲間全員で近くの居酒屋へとしけ込んだ。

そこで試合の話やら上司の愚痴などを交わし合う内に、すっかりいい時刻になってしまい、慌てて電車に飛び乗ったが、既に最終電車の時間であった。

当時、私の所属していた拠点は西日暮里にあって、先輩を含む全員がその近隣から通っていたので、全員がそこで下車、解散になったが、最早地下鉄や路線バスも全て終わっている。タクシーで帰る者、カプセルホテルに泊まる者、更に飲み直しに出る者等に分かれ、私は酔い覚ましも兼ねて、自宅まで徒歩で帰ることにした。

当時の自宅は足立区のN町という場所にあり、直線距離でそこから十五キロ程離れてはいたのだが、酔いも手伝って大丈夫ですなどと先輩等に手を振り、N橋に繋がる商店街方面へと歩き出した。

ところが今でこそ山歩き等で鍛えてはいるが、二十代の頃の私は、ある意味今よりもずっと軟弱であり、荒川に掛かるN橋に辿り着いた頃には、すっかり酔いも覚めてしまって、はあはあと息を切らせていた。

時計を見ると午前二時。自宅まではまだ五キロ程ある。時間が時間であるから通行人など誰もいないかと思ったら、土手下の向こうの歩道を三十代くらいの女性が悲鳴を上げながら走っていく。

（何だあれ？）

疲労している頭では、そこまでしか考えが回らない。

そして、私の位置は土手の上なので見送るしかなく、女性はそのまま見えなくなってしまった。暫くすると下の歩道に下る階段があって、私はそこから歩道へ降りた。このまま土手沿いの道を少し歩いて道路を折れると自宅方面への道に繋がる。車で通ることはよくあるが、歩くのは初めてだ。さっきの悲鳴を上げていた女性からこっち、人の姿はまるでない。あの女性は何を見たのだろうと不思議に思っていると、前方に瓦を葺いた寺の築地塀（泥土を固めて造った塀）が見えてきた。勿論車道側はよく走るから、その位置に寺があることは知っている。寺の塀はそこから暫く続いており、私は早足でその袂《たもと》を歩いていた。一刻も早く家に戻って布団に潜り込みたかったのだ。

ちょうど、その築地塀の中程辺りまで来た刹那。

視線を感じて振り返ると、蜘蛛の子を散らすかのような、何人もの足音が夜闇に響き渡った。そこは寺の塀が崩れており、まるでそこから誰かがこちらを見ていて「見つかった」と言わんばかりに逃げ出した、そんな場面に思えた。

暫しの間、立ち竦んでいたのをよく覚えている。

足音の数から判断すれば、どう考えても相手は五、六人程いた勘定になる。そしてシチュエーションからは考え難いが、何者かが壁の向こうに潜んでいて、視線が合ったので逃げたという可能性もなくはない。

取りあえず正体を確かめたくなって、私は崩れている塀から寺の境内を覗き込んだ。ちょうどそこは墓地のようで、真ん中に延びる水銀灯の光に照らされて、静かに葉を揺らす柳の木と、幾つもの墓石と卒塔婆が見えた。

そして人の気配は全くない。湖底のように暗く沈んだ光景だ。

反射的に時計を見た。午前三時ちょうどを指している。

「こういうことも、あるんだろうな」

私はわざとそう呟いた。そして何げなく歩き始めた。

この手の手合いは動揺を見せると、からかい半分に付いて来ることがあるからだ。しかし、内心、何者かも分からぬ足音が背後から追ってくるのではと、ビクビクしてもいた。

ちょうど少し先に、いつも悪友等が夜明けまで騒いでいる友人のアパートがある。少々怖くもあったので、そこへ立ち寄って、今起こったことを語り、彼等を同伴して確認しようと考えたが、生憎《あいにく》その日、部屋の電気は消えており、集まりは既にお開きになって寝ている様子である。ただそこまで辿り着くと、深夜と言え、周囲には街灯が明々と灯っていてコンビニには人の姿もある。

もう大丈夫だろうと判断し、私はそのまま自宅へと戻った。

翌日、目を覚ますと私は溜まり場となっている件のアパートへと向かい、そこにいた三人の友人等に「あそこの寺の横で昨夜、怖い目に遭った」と話したところ、Sという友人が「見に行こうぜ」と言い始めた。もとより昼間でもあるし四人連れだからさほど怖くもない。彼等を伴って実況見分と洒落込んだ。ところが。

「おい、そんな塀、どこにあるんだよ？」

件の寺の塀は、無機質な灰色のコンクリートだったのである。

しかも、歩道側から中を覗き込めるような破損部分は、全く存在しなかった。

私が見た、あの晩の墓地の光景は、一体何だったのだろう。

因みにこの寺は、その後境内の大改装を行っていて、近代的な建屋の寺院へと変貌した為、その頃の面影は微塵もなくなっている。

蛇口

東京都に住むYさんが、中学生の頃に体験した出来事である。

今日、修学旅行と言えば沖縄だのハワイだの東南アジアだのと言う話をよく耳にするが、Yさん等の世代の修学旅行先は「奈良・京都」の二泊三日がお定まりのコースであった。それでも、当時の彼等の行動範囲から測れば、見知らぬ遠距離の土地、しかもそんな場所で級友等とともに二晩過ごすという非日常は、一大イベントであることに間違いない。初日は奈良に宿泊、二日目は京都へと移動し、清水寺や銀閣、三十三間堂等を巡り昼食。そのまま渡月橋を渡り、宿泊先に到着した。

ところがこの京都の旅館が、名前こそ忘れてしまったそうだが、建屋が古く、空気もジメッとしていて、日当たりも余りよくない。おまけに割り当てられた部屋はトイレも風呂もない造りで、団体旅行専用の宿なのかもしれないが、前日に泊まった奈良の旅館に比べると、かなり格落ちな雰囲気であった。

予定では部屋割りが終わったら、各自で食事時間の午後六時までに大浴場での入浴を済ますとあったが、生憎Yさんの学年は札付きの問題児が大勢在籍していて、旅行の出発時に幅広のボンタン姿で現れたツッパリ連中が、体育教師等の手でジャージに着替えさせられるハプニングがあり、日程から自由時間が削られるということがあったくらいで、流石に部屋をカラッポにするのは様々な意味で怖い。財布を盗まれるかもしれないし、浴場で服を隠されて晒し物にされる恐れもある。

Yさんの部屋の生徒等は真面目なグループだったので、全員で示し合わせ「一晩くらい風呂に入らなくても」と部屋で待機することにした。

そんな理由で級友等は翌日の日程表を広げたり持参した本を読んで寛ぎ始めたが、トイレに行きたくなったYさんは仲間に声を掛けると、部屋の外へと出た。

途中、ジャージ姿に濡れ髪の、いつもとは違うクラスメイトの女子等と擦れ違い、どきりとしながらも、建屋の端に位置する共同トイレに辿り着く。

このトイレの入り口も、一応男女別にはなっているが、田舎のドライブインにでもあるようなスイングドア式で、それを押して入るかたちだ。その扉を押し退けて中に入ろうとしたら、中からガサガサガチャガチャという物音と大勢の人間のざわめく声がする。皆、食事前にトイレに行こうとして混み合ってるんだろうなと、扉を押したYさんは唖然とした。

誰の姿もない。

ずらりと並んだ小用便器と開いた個室のドアが並んでいるだけだ。

さっきまで聞こえていたざわめきは嘘のように聞こえなくなり、蛍光灯の光に照らされたトイレ内は、しんと静まり返っていた。

(何だこれ！)

驚いたYさんは慌ててことを済ませ、部屋へと逃げ帰った。

やがて夕食の時間となり、大食堂で皆と食事をしている間も、彼の脳裏からは、さっきのトイレでの出来事が頭から離れなかった。

すると、少し離れた同じクラスの女子等の会話が耳に入ってきた。

「……ここのトイレ何か気持ち悪いの。中から人の声がたくさん聞こえたのに、入ると誰もいないのよ……」

あれは、やはり気のせいではなかったのか。

詳しいことを彼女等に尋ねたかったが、この頃の年齢は同じクラスと言えど、普段交流のない女子生徒に声を掛けるのに抵抗を覚える。Yさんは話を聞くことができず、もやっとした気分のまま、食事時間は終了を迎えた。

食事終了後は、館内限定での自由時間となった。

中には「やっぱり風呂に行く」と入浴セットを抱えて大浴場に行く者もいたが、班員六名のうち四名は部屋に残って本を読んだり雑談を交わしていた。

(もう一度確かめに行こう)

Yさんは鍵を預かる部屋長に声を掛けて、再び建屋の端に位置するトイレへと向かった。

再びあのスイングドアの前に立つと、先刻と同じ様に、ガサガサ、ゴソゴソというたくさんの何かが擦れ合う音と、内容こそ聞き取れないが、駅前の雑踏のようなざわめきが聞こえる。

Yさんはドアの前に暫く立っていて、それらの音が中から聞こえることを確認すると、足で乱暴に蹴飛ばして中へと踏み込んだ。

しんと静まり返ったトイレ内。

勿論個室のひとつひとつを覗いても誰もいない。建屋のどこかの音が伝わってきているということも考え辛かった。何故ならYさんがトイレに入った瞬間、全ての物音が消えてしまったのだ。

誰の姿もないトイレと、その静寂に耐えかねて、Yさんは部屋へと逃げ帰った。


やがて消灯時間となった。

教師等が就寝を確認しながら施錠を行った後も、それぞれがすぐ寝付ける訳でもなく、Yさん等は懐中電灯を照らしながら、持ち込み禁止のトランプを始めたり、雑談等に耽っていると、突然部屋の扉がドンドンと乱暴に叩かれた。

Yさん等は慌てた。懐中電灯の光が入り口のガラス窓から洩れているのを、巡回中の先生に見つかったのかもしれない。

「おい、開けろ、開けろよ！　ちょっとここ、開けろ！」

ドアを叩く音とともに聞こえたのは、隣部屋の、同じクラスの問題児等の声である。彼等は前日、どこかの部屋の寝込みを襲って、その部屋の連中のパンツを脱がすとバスの中で豪語していたので、Yさん等は顔を見合わせた。

「違うんだ、違うんだよ！　いいから早くここ開けてくれ！」

尋常ではない調子の声色に、部屋長が扉を開いた。するとジャージ姿のツッパリ連中が、彼等の部屋へ我先になだれ込んだ。

「……こっちの部屋、何もないか？」

Nというツッパリ仲間のリーダーが、引き攣った声でそう尋ねる。

その彼の弁によると――。

隣部屋のツッパリ集団もYさんの部屋と同様で、就寝時間を過ぎても、やはり懐中電灯を点けて、持ち込んだトランプで賭けオイチョカブなどに興じていた。

すると、彼等の部屋の広縁（窓際のテーブルや座卓を置いてあるスペース）の方から突然、奇妙な物音が聞こえてきた。

キュッ、キュッ、キュッ、キュッ……。

誰かが障子戸の向こうで、広縁に設けられた洗面台の蛇口を捻っている。

彼等は顔を見合わせた。

何故かと言えば、その部屋のメンツは全員、布団の上でトランプに興じている訳で、じゃあ、障子戸の向こうにいるのは誰なのかと。

息を呑むツッパリ等の耳に、今度はジャアアァァという、迸る水の音が響いてきた。勿論彼等はトランプを始める前に、窓のカーテンを閉め、更に灯りが外に洩れないように広縁の障子戸も閉じた。そのときは誰もいなかった筈なのだ。

教師等をものともしない百戦錬磨のヤンキー連も、暫しの間、硬直した。

やがてOという生徒が立ち上がり、広縁の障子戸を開くと、そこには誰の姿もなく、ただ洗面所の蛇口だけが、洗面ボウルの上に、勢いよく水を吐いていた。

「うわあぁぁぁぁ……！」

つまり、隣室のヤンキー等は、Yさん等の部屋へと逃げてきたのだ。

彼等は暫くYさん等の部屋で肩を寄せ合っていたが、少しして落ち着きを取り戻すと「トランプがそのまんまだから見つかるとやべえ」と呟きながら、渋々部屋に引き揚げていった。

Yさんが古都である京都のホテルや宿泊施設に、そういった曰く付きの場所が多いということを知ったのは、それから暫くしてからだそうだが、今思えば、彼等の泊まったあの旅館も、そうした場所の一つだったのかもということである。

水くれ女

会社員のＮさんが、数年前に体験した話である。

彼の自宅は、神奈川県某所の住宅街に位置する。

市街地の真っ只中ではあるものの、夜遅くなると人通りが途絶えて、残業となって最寄りのバス停から歩くと、少々うら寂しく感じる場所だそうだ。

季節が十月に差し掛かったばかりの頃だったという。

自宅でぼんやりとテレビを見ていたＮ氏は、不意にジュースが呑みたくなった。

だが、冷蔵庫にその手の飲み物を切らしているのを知っていたので、通りのすぐ正面にあるクリーニング屋の自販機に買いに行こうと思い立ち、リビングにいる奥さんと息子に声を掛けて玄関を出た。

前述の通り、N氏の自宅前の通りは、夜間になると人通りが殆どない。

しかし、ただそれだけのことであって、きちんと街灯も備え付けられていれば、自販機の光ともあいまって、物騒と言える範疇のものでもない。ましてや目的の自販機は玄関から通りを横切って真正面、時間にして三十秒程である。

ごく普通にサンダルを突っ掛け、ドアを開くと、無人の通りを横切って、煌々と灯りを点す自販機に小銭を投げ込み、商品ボタンを押す。

ガタンと音がして、取り出し口にジュースの缶が落ちてくる。冷えた飲み物を手にして自宅に戻ろうと振り返ったN氏は、驚いて数歩仰け反った。

すぐ鼻先に、女が立っていたからだ。

年の頃は三十代前半、長めの髪をさらりと真ん中から分けた、唇が少々厚めな、決して美女という印象ではなかったそうなのだが、不可解なのはその出で立ちだ。

季節は暑くもなく、寒くもなくの陽気であったというのに、女は厚手のセーターにフード付きの防寒コートを着込んでいる。

それよりもまず、今の今まで、通りには誰もいなかったではないか。

「ねえ……」

　その女は、N氏に向かって、突然、縋るような目つきで声を掛けてきた。

「……私、お父さんに怒られて、水を買ってこいと言われたんだけど、お金を持ってないの。水を買って帰らないと、家に入れてもらえない……」

「は？」

　突然の頓珍漢な問い掛けに、N氏は思わず聞き返した。

「……私、お父さんに怒られて、水を買ってこいと言われたんだけど、お金を持ってないの。水を買って帰らないと、お父さんに家に入れてもらえないの……」

（何だそれ、どういう意味？）

　出し抜けな出現にうろたえたものの、徐々に冷静さを取り戻したN氏は、女の不可解な台詞に首を傾げた。同じ台詞を繰り返すその女の言動は、どう見ても小学生のものだ。しかも成人している女性が、水を買う小銭も持っていないと言うところが更に腑に落ちない。所謂《いわゆる》「知的障碍のある人」なのかなと首を傾げた。

「ねえ、お水を買ってこないと、お父さんに怒られちゃうの……」

いや、少なくとも見た目は、季節外れの厚着をしているという以外、ごく普通に見える。どちらにしても、妙なのに関わってしまったなと、N氏は困惑した。何しろここは自宅の真正面なのである。適当な対応をして、家にまで付いて来られても面倒だ。

「ねえ、お水を買って帰らないと……」

彼は財布の中から小銭を百三十円取り出すと「ほら、これで買えるだろ」と、奇妙な懇願をする女に手渡した。厄介払いのつもりだった。そのまま女とは目を合わさずに通りを横切り、自宅へと向かう。

少しして、N氏はふとした違和感を覚えた。

自販機から飲み物の落ちる音がしないのだ。振り向いたN氏は目を剥いた。

あの女の姿がない。

一瞬呆けて、それから慌てて自販機へと走り寄った。目を離したのは、ほんの十秒程、通りを渡る時間のみである。自販機の周囲を見回したが、身を隠す場所などない。通りは見通しの良い一本道で、無機質に街灯の点る薄暗い道路には隠れる場所もない。

そして、女が走り去る足音もしなかった。

(えっ、何これ?)

混乱する思考の中で、N氏は必死に考えた。

（お化け？　いや、俺はあの女に百三十円渡して、あの女は確かに受け取った。そんな生々しい幽霊っているか？）

気味が悪くなり、家に駆け戻ったN氏は、リビングにいた奥さんと息子に今見たものの一部始終を話したが「騙されたんじゃないの」と一笑に付され、女が消えてしまったことなど、気にもされなかった。

現在でもN氏は、残業で遅くなったとき、通りの向かいに輝く自販機を見ると、あの「水くれ女」のことを思い出して不思議な気分になる。

だが、どうして女が彼に水をねだったのか、彼女の言う「お父さん」とは何者なのか、渡した百三十円はどこに消えたのか、そして女が無事に「家に入れてもらえた」のかは、一切分からないままだそうである。

黒煙

神奈川県に住むSさんの体験である。

ある晩、彼女が自宅のベッドで横になっていると左足首を誰かに揺すられた。

寝惚けてそのまま放っておくと、また掴まれる。

煩いなあと寝返りを打ってから、ベッドの左側が壁だと気が付いてぞくりとした。

同時に、部屋の中に何かの気配がする。

嫌だなと思いながら寝たふりをしていると、ベッドの足元からゆらゆらと黒煙のようなものが立ち上った。

えっ、と思って半身を起こすと、煙は人の形を取り始め、やがて小学生くらいの男の子の姿となった。ただ、その子の面容は些か奇妙だった。

端正な顔立ちをしてはいるのだが、目の端がきゅっと吊り上がったような、所謂、狐面の顔立ちをしているのである。

(僕を、ここに置いてもらってもいいですか？)

突然、男の子がそう尋ねてきた。喉から発する言語ではなく、脳に直接語り掛けられるような感じである。突然の申し出にSさんが窮していると、

(僕を、ここに置いてもらってもいいですか？)

狐面の男の子は、再び問い掛けてくる。

Sさんは割と霊感が強めで、金縛りやこうした経験にはある程度こなれた部分があった。しかしこの男の子は、今までと、ちょっと手触りが違う。

どこかの社のお稲荷さんなのでは？　と直感的に考えた。

しかも黒ずんでいるというのは、そのお社はなくなっているか、随分と放置されていて、この子は崇めてくれる相手を探しているのではという勘が働いた。もしそうだとすれば、自分には少々荷が重い。

(ごめんなさい、別の方のところへ行ってください……)

彼女がそう念じると、狐面の少年は落胆の表情を刻みながら、黒煙の姿へ戻ると、左側の壁

の中へと吸い込まれていった。

するとと今度は壁の向こうから、隣室の住人の悲鳴が響き渡った。

数日後の朝、彼女が住んでいるアパートのごみ置き場にごみを出しに行くと、たまたま隣室の住人と鉢合わせになった。

住人は女性で、Sさんより年上だが正確な年齢は分からない。ちょくちょく顔を合わせるので会話する程度には顔見知りであり、決して人間関係が険悪な方ではない。おはようございますと挨拶を交わし、そのまま軽い世間話となったが、その中で隣室の女性が数日前から体調が優れないという話を口にした。

Sさんの脳裏に、あの狐面の男の子の記憶が蘇る。

(私が、何もできないなんて言ったから……)

微かな動揺を覚えはしたものの、そんなことを切り出しても頭がおかしいと思われるだけと思って、ベッドから湧き出た黒煙と男の子の件は、彼女には黙っていた。

ところがその後、隣室女性の体調は悪化の一途を辿ったらしく、ある日の朝、玄関の呼び鈴が鳴ると、やつれた表情の彼女が立っており、近くの病院に入院することになったので、留守の間をお願いしますと告げられた。

採話当時、私がSさんから聞けたお話は、ここまでであった。

Sさんは隣人の彼女の身上を随分と心配したが、その後、無事に退院しましたという連絡があったとメールで知らせてくれた。恐らく黒煙の男の子は隣室の彼女の元に暫く身を寄せてはいたのだろうけど、結局何らかの理由（意志の疎通が図れない等）で離れていったのだろうと推測している。

この件について興味を持った私は、当シリーズではすっかりレギュラー化している、あやかしが視える学生祓い師のTさんに、ある質問を投げ掛けてみた。

所謂お稲荷さんや、神格化した狐というものを見たことがありますかと。

すると「あります」という、興味深い返答が返ってきた。

それはどのような姿をしているのかと問うと、

「こちらを驚かさないよう配慮しているのか、人の姿を取ってくることが多いのですが、（身体的な）特徴があって、すぐに分かります」とのこと。

勿論Tさんに、この件についての話はしていない。

なかなかに、興味深い事例である。

五で始まる

上信越地方の、ある地方の町での話である。

話者の老婆が語るに、その地域では以前、山の神の機嫌を取り豊穣を祈る為に、産まれたばかりの子供を山に置き去りにして、人身御供に差し出す、忌まわしい風習（口減らし？）があったのだという。

しかし、時流とともに国が豊かになり、人々が食べ物に困らなくなってくると次第に「野蛮なことだ」という風潮が高まり、いつしかそんな迷信じみた習慣は止めようという流れになった。そして、それが正式に決まりとなって、山に子供を差し出すのを差し止めたその翌年に、こんな出来事が起こったそうである。

ある家の、五歳の男の子が変死を遂げた。

死因はよく分からなかったが、大都市では決して珍しいことではない。ただし、田舎の小さな町の出来事だったので、子供の死は住人等の間で、あっという間に広がった。

それから間もなく、その町でまた子供が亡くなった。

今度の死因は流行り病が原因とはっきりしていたのだが、問題は、その子供の年齢も「五歳」だったことである。

しかもそれから、矢継ぎ早に同じ歳の子供が二人亡くなった。

先に述べた通り、小さな町である。短い期間に子供が四人も亡くなってしまうなど、医療の滞っていた昔ならいざ知らず、しかも全員が「五歳」だったということで前代未聞の大騒ぎとなった。人々は口々に「やはり山の神への人身御供を止めたからだ」「五という数字の関わる子供が持っていかれる」と噂するようになった。

そんな中、既に四人の子供がいる家庭で、五人目の兄弟が産まれることになった。人々は心の中で、その家庭の受難を予想したが、それを一番痛切に感じていたのは、子供を身籠もったその家の母親であった。

この母親は知恵を絞って一計を案じ、親族の者と相談して、一番年嵩の高校生の長女を「山に捨てること」にした。

山に捨てると言っても、それは飽くまで方便であって、実際には遠縁の親戚がそこで先に待機していて、長女をそのまま五人目が産まれるまで、違う町で預かってもらう。そうすることによって、生まれる子供は四人目と無理矢理解釈し、この不可解な災禍を回避しようとしたのである。

長女も昔なら成人と見なされている年頃である。両親から因果を含められて状況を呑み込むのも早く、計画は素早く実行されて、山に置き去りにされた彼女は無事親類の手によって保護され、暫くの間、よその町で過ごしていた。

詭弁とも言うべき試みだったが、どうやら功を奏したのか、その家の五人目の赤ん坊は無事に産まれて、母親は胸を撫で下ろしたそうである。

全ては一件落着、親族宅に疎開していた長女も無事に戻ってきて、一家が喜びに沸いていた刹那、再び災いはその牙を剥いた。

戻ってきた長女が突然死したのである。

親類宅から戻ってきて「五日後」の出来事だった。「災禍」はまだ健在だということで、小さな町は再び恐怖の坩堝《るつぼ》に叩き込まれた。

ところがこの奇妙な「五に纏わる死の連鎖」は、この高校生の長女の死を境に、ふつりと途切れたそうである。

いつしかその町では、こんな噂が囁かれるようになった。

あの女の子は、この町で子供が死ぬようになってから五人目の人身御供だったから、山神様も満足されて、それで町は「五の連鎖」から解放されたのだと。

話者の老婆は、ここで話を一旦途切れさせた。

自身の家も四人兄弟で長女だったから、もしあのとき、うちに五人目の子が授かっていたら、山に連れていかれたのは、もしかして自分だったのではないかと。

日本が太平洋戦争に突入する、ほんの少し前の出来事だという。

道祖神祭（前）

〈道祖神祭《どうそじんまつり》とは、小正月の火祭り行事の名称である。

一般的な通名としては「どんと焼」と呼ばれるが、地域によって、その名称が微妙に異なり、東北では「焼納祭《しょうのうさい》」「蘇民祭《そみんさい》」、関東では「道祖神祭」「賽《さい》の神」、関西では「左義長《さぎちょう》」、九州では「鬼火焚《おにびだ》き」と呼ばれることもある。旧暦の小正月はその年の一番初めの満月の日であり、神聖な月の光と炎の浄化力で一年間の災いを祓い、身体健全・家内安全・商売繁盛・豊作豊漁を願うものであり、本来は夜間に行われる行事であった。正月に門松や注連縄《しめなわ》で出迎えた歳神を、それらを燃やすことにより、天に帰るのを見送る意味合いがあるともいう〉

この「道祖神祭」のエピソードは、ある事情により、「現代雨月物語」シリーズの『物忌異談』に掲載された「魔物」とともに私のパソコンの中で長らく眠っていた。しかし今回、版元様の理解を得て、こうして発表の機会を頂けたということを非常に嬉しく思っている。ただ、内容的に余りにも特殊性の強い事件であり、一読されて「こんなことがある訳がない」と否定される方も現れるかもしれない。それは再び其々の読み手の方々に一任することにして、私はそのときに起きた事件の内容とその顛末を、紙面の許す限りできるだけ子細に再現したいと思う。

暫しのお付き合いを、お許し願いしたい。

二〇〇八年一月のことである。

私はその年、某レーベルでの共著原稿依頼を受け、その執筆に精力を傾けていた。締め切りは二月末。既にその時点で八割方の原稿は仕上がっており、残りのページを埋める体験談も、手持ちで十分間に合ってはいたのだが、何しろ公に自分の作品が発表される初めての機会である。読者側がこれまで見たこともないような話でページを埋め尽くしたい、そんな意欲に駆られていた頃でもあるので、更なる怪談異談の類を求めて、年明けから、方々の知己に声を掛けていた。

すぐさま反応があったのは、妻の職場の後輩Yさんからである。

『……籠さん、こんにちは。お久しぶりです。今年は休み明け早々からとんでもない目に遭ったんですよ。そんなお話で良ければありますが、聞いて頂けますか？』

そのような書き出しで私のパソコンに届いたメール内容を、時系列に直して紹介すると、概《おおむ》ね次のような流れとなる。

事の発端は、そこより更に数年前に遡《さかのぼ》る。

Yさんの職場の技術部門に、定期人事異動により、一人の男性が配属された。

Oさんというその技術畑の男性は、社内パソコンのメール機能を使って所属部署の全員に、自己紹介を兼ねた挨拶文を送信してきた。どれどれと内容を確認したYさんは、彼の趣味・特技の項目の最後の部分に妙に惹かれた。

そこには「神社の神籬《ひもろぎ》やどんと櫓《やぐら》の設計」と書かれていたのである。

「神籬」とは、神社などで祭礼を行うときに、神霊が降りてくる為に用意される座、所謂「依代《よりしろ》」と呼ばれるものだ。

本編の主人公であるこのYさんは、実は幼い頃から霊感が強く、この世のものでないものに関わる体験の多い女性で、そうした理由から、見えない世界に興味を抱き、そこを足場に古代日本史や神話世界にのめり込んだという経緯があった。もしも親元が裕福であったのなら、大学の博士課程に進んで、歴史や考古学の専門家になりたかったと豪語されていた方でもある。

そんな理由で、Yさんは機械系の技術者であるOさんが、何故神籬やどんと櫓の設計などに携わっているのかと、大いに興味をそそられた。

彼女はOさんへの返信文に、どうして神籬の設計などをするようになったのかというその疑問を添えてみた。すると、すぐさま返信があり、昭和の終わりから平成に掛けて、彼の住む地域一帯に大きな区画整理があり、宅地造成により切り崩され、現在はなくなってしまった場所から遷座してきた神社の改修も一緒に行われたそうなのである。

その新社殿落成を終えた神社の、新しい役員に就任した方がOさんの知人で、どのように神事を進行したらよいかと彼に相談を持ち掛けてきた。元々お祭り好きであったOさんは、過去に自分が参加したお祭りや神事を参考にして助言を与え、どんとに使用される神籬や櫓の設計図面まで自己流で書いて渡してしまったそうなのだが、役員はこれを諸手を挙げて歓迎した。

そんな経緯を経て、落成初年度の神事は大成功を収めたそうで、そんな流れから、Oさんはこの神社の道祖神祭（どんと焼）が行われる都度、その年の神籬やどんと櫓の設計を担当するようになったのだという。

「僕が神籬や櫓の設計を一任されているM神社は、Yさんちからもそう遠くないですよ。秋口に大祭などがありますから、是非参加してみてはいかがですか？」

こうした話を耳にしたYさんは、Oさんが神事の一端を担うというこのM神社に大変興味をそそられた。場所も自宅からそれほど遠くなく、彼女の利用する駅から直通で行ける。とある日の週末、Yさんは彼から聞いた住所を頼りに、下見を兼ねて、M神社を参拝してみることにした。

『ところが、その神社というのが、実に奇妙だったんです……』

目的地であるM神社は、新興住宅地のど真ん中と言っても差し支えない位置に存在していて、最寄り駅から十数分ほど歩くと、まっすぐな参道に広い斎庭《ゆにわ》、新しい鳥居と拝殿が見えてきた。だが、社を目の前にしたとき、彼女は言い様のない戸惑いと違和感を抱いたそうなのである。

『神様がいないんですよ』

歴史好き・寺社仏閣好き・その上に霊感持ちと三拍子揃っているYさんは、世間で名の通っている神社に出向けば、必ず神様の気を感じるという。小さな社であっても、地元の方達が熱心に面倒を見ている社には神様の気配がある。ところがこのM神社には、それを全く感じなかった。

すっきりした景観を持つ境内と、真新しく小綺麗な本殿。

しかし空き家のようにがらんどうに感じるこの神社は何なのだろうとYさんは首を傾げた。

自分の勘違いかもしれないとそれからも数度足を運び、秋の大祭にも参加してみた。しかし『神様がいない』というその印象は変わらない。

大祭の時期でさえ神様を感じられないのは、一体どういうことなのか？

彼女は自分なりの経験と知識で「遷座する以前の旧社殿から『神様の引っ越し』が上手に為されなかったのでは？」と疑ってみたときもあった。

ところが大祭に参加したときに彼女が見たM神社宮司の佇まいは、見るからに霊力に満ちていたそうで、そんな失敗をしでかしそうな人物にも思えなく、ますますこの社に対しての不可解さを募らせたそうなのである。

そして翌年の年明け。小正月の迫る頃。

「いよいよの今年のどんとの時期がやって参りました。僕の設計した神籬と櫓を、是非見に来てくださいね」

Oさんから社内メールでそんなメッセージを貰ったYさんは、内側にもやもやしたものを抱えながらも、M神社の道祖神祭に参加してみた。

境内には大勢の参加者が詰め掛けていて、斎庭の中央にはOさんが設計に携わったという、立派な祭壇（神籬）と、縁起物の達磨《だるま》や古いお守り、熊手や破魔矢、注連縄などが山と積み上げられた櫓がある。

やがて神事が開始され、来賓祝辞の後に、宮司から「ここに降りてくるのは『賽の神』であり、この土地への疫病や悪いものの侵入を防いでおり、同時に、人々の生活を一年間守ったもの（神社の神符や破魔矢、達磨等）を天にお返しする習わしである」という趣旨の説明が行われた。

祝詞《のりと》奏上。二礼二拍一礼。来賓者や総代の手によって、火が放たれる。

ごうっと音を立てて炎に包まれる、どんとの櫓。

そのとき、立ち上る煙とその炎の上に、Yさんは見た――。

『これまで「霊」と呼ばれているものはたくさん見た経験があります。しかし「神様」を見たというのは、私もこのときが初めてだったんです……』

Yさんはそのとき、M神社で行われたどんと焼き神事（道祖神祭）に深い感銘を受けた。そして、ここを境にOさんとの仲も一気に縮まり、暫くは彼と、神社や神事のお話が尽きなかったそうである。

ところがその感動をもう一度という感じで、普通に参拝に出向くと、やはりそこに神様の気配はない。やはり拝殿はがらんどうのイメージである。

一年に一度しか神様がいないという、不思議な社。

彼女はM神社を、そういったお社だと割り切ることにした。

少々前置きが長くなったが、ここで漸く話は本題に入ることになる。

正月休暇を終えて職場に赴いたYさんは、自身のパソコンを立ち上げて、メールその他の伝達事項をチェックし始めた。すると件のOさんから、正月明けの挨拶メールが届いていた。

『Yさん、新年あけましておめでとうございます。よいお正月休みを過ごせましたでしょうか？

ところで僕は、あのM神社の祭礼に対して、これまでの功績が認められたみたいで、今年から神社の役員に選任されたんです。地元町会に所属してないのに、役員に選ばれたのは僕だけなんですよ。ちょっと凄いでしょ？　今年の道祖神祭も新設計の櫓と神籬をお見せします。是非来てくださいね』

そのメールを読み終えて、Yさんは軽い溜め息を吐いた。

実はというと、このOさん、趣味事にはとても雄弁で熱心なのだが、仕事に関しては、ルーズな点が目立つことがあった。彼は決して意地悪な人間ではないし、人には人のスタンスがあるとも思っている。それでも、仕事も趣味もメリハリを付けてきっちりとが信念のYさんには、彼の姿勢が歯痒く思えることが多々あり、そんな理由でつい、返信メールに皮肉を交えた、こんな文章を綴ってしまった。

『新年あけましておめでとうございます。そしてM神社の役員就任おめでとうございます。これまでの熱心な活動と貢献が報いられたって感じですね。会社のお仕事の方も、もっとそんな感じで熱心に取り組んで頂けると最高だなあと思います』

そして、パソコンのエンターキーを押した刹那。

ずん、と奇妙な感覚がYさんを襲った。

それは、刃物で胸元を突き刺されたような感覚であったという。

しかも、ナイフとか包丁などの、細くて短い得物ではない。

ある程度の長さと厚みを持つ刃物＝日本刀のような何かが、彼女の胸元から背中へ深々と突き抜けている、そんな感覚。

そんな馬鹿なと目を凝らしたが、勿論、刀が刺さっている訳がない。

しかし、Yさんの肉体に伝わる感覚は、「刃に貫かれている」ものだ。

ずるり、とその刀が引き抜かれる感覚。

一拍置いて、そこを中心に疼痛までが襲ってきた。

「うっ」

胸元を押さえながら、思わずYさんは呻いた。

「どうしたの？」

隣の机の同僚が、彼女の異変に気が付いて声を掛けてくる。

「な、何でもありません」

まさか、パソコン画面から飛び出た見えない刃に刺されましたと言う訳にもいかない。Yさんは痩せ我慢をしながら返事をしたが、胸から背中を貫く痛みは激しくなるばかりで、それどころか全身から脂汗が噴き出し、熱まで出てきた。

「何だか顔色が悪いよ。年明けで、まだ大した仕事もないから、調子悪かったら、今日はもう引き揚げたら？」

様子がおかしいと思ったのか、同僚が再び声を掛けた。

仕事に対する責任感の強いYさんは、休み明け早々に早退するなど気が引けたのだが、最早それどころではなかった。制服の内側から血が浮いてくるような凄まじい激痛に耐えかねて、申し訳なく思いつつも、彼女は職場を早退した。

勿論その足で、かかりつけの病院へと駆け込んだが、Yさんは「これは医者では手に負えない」ということを悟っていた。何しろ肉体的な損傷はないにも拘らず、感覚としては、胸から背中に掛けての貫通創＝刀傷が存在するのである。そんなことを医者に告げても理解される訳がない。

想像通り、医師は彼女の不可解な症状に首を傾げたが、三十八度を越える発熱があった為、熱さましと痛み止めを処方してくれた。

寝室のベッドの上で激痛と発熱に苛まれながら、Yさんはこの「見えない創傷」の原因が、あの社内メールの文面にあると考えていた。

何しろOさん宛てのメール送信のエンターキーを押した刹那の出来事である。

そして彼女は、あのM神社の道祖神祭で、本物の『神様』を目撃している。

あの『神様』なら、これくらいの芸当は簡単にやってのけるだろう。

しかしそれにしても、Oさんが仕事に対してルーズな面があるのは事実であり、それを多少詰《なじ》ったくらいで、随分な仕打ちではないだろうか。

疑問と不満を覚えながらも、この出来事の裏には、絶対にあのM神社が絡んでいる。それだけは間違いない。そう思ったYさんは、数日して胸の痛みと熱が引くと、近所の酒屋で越乃寒梅の上級品を購入して神社へ出向き、謝罪の意を表しながら、神前に奉納したのである。

『……そんな感じで、今週やっと復調したばかりなんですよ。一応、奉納を行ってからは何も起きてないんですけど、それにしても、あんな立派な神様が降りてくる社なのに、随分と理不尽な話だなと思いませんか……？』

　彼女からのメールはそんな感じで締め括られていたが、私はパソコン画面から頭を上げると、ふうーっと大きな溜め息を吐いた。

（とんでもない内容じゃないか……）

　単に、「幽霊を見た、怪異現象に見舞われた」という話なら、これまでにもたくさん頂いている。また神仏に関わる奇瑞談《きずいだん》なども、それなりに拝聴しているつもりでいた。しかし、神社の『神様』を実際に目撃したという話は、初めてである。

　Yさんはそこでどんなものを目撃したのか。彼女の見た『神様』はどんな姿をしていたのか。そして、神罰と取るには奇妙なずれを感じさせるこの体験談は、一体どういった意味合いを含むと言うのか。

　共著書の締め切りは二月末。これほどの話であるから、足りないピースを埋めながら出来事の本質を見極めて、更に文章に再現するには、最低二週間ほど掛かるだろう。全てが謎含みと思えるこの体験談をメールでやりとりしていても埒が明かないと判断した私は、妻に願い出て、Yさんに直接お話を聞かせてもらえる段取りを取ってもらえないかと頼んでみた。

二〇〇八年・一月二十四日。木曜日。

その日の夕方、私は妻の段取りで、取材場所に指定された東急田園都市線・溝の口駅に併設された商業施設のレストランへと向かっていた。（著者注・現在、このレストランは既になくなっている）メトロ大手町で半蔵門線に乗り換え、そこから東急線の直通運転で、溝の口へと向かう。

待ち合わせの時間は、午後六時。

ウィークディの真っ只中ではあったが、先にも述べた共著本の締め切り関係で、一日も早く取材を行い、その週末には話を立ち上げたいという理由があった。しかし、この後すぐに、とんでもない出来事が勃発しようとは、当時の私には、知る余地もなかった。時間帯は既にラッシュ時刻を迎えていたが、渋谷駅を通過するまで上り線に相当する電車の乗客数は少なく、座席に腰掛けながら、私は脳裏でYさんの話を反芻、整理していた。

彼女から齎《もたら》された体験談は驚くべき内容ではあるものの、どこかアンバランスというか据わりが悪い。顛末から考えれば、それはYさんが送ったメール文面に原因があったに違いない。しかし、同僚が神事に熱を上げていたのを窘《たしな》めたくらいで刀（？）を突き刺してくるなど、随分とやり方が荒っぽいのではないか。

本当に、神社の『神様』ともあろう方が、そんなことをするのか。

それは本当に『神様』なのか。

その神社はどこにあるのか。そこに祀られている祭神は何という名前なのか。

何がそこまで、その祭神の逆鱗に触れたというのだろうか。

この内容が全く知らない人物から齎された体験談であれば、私自身も俄《にわか》には信じられなかったかもしれない。しかしYさんからは既に幾つかの体験談もお預かりしており、一緒にフィールドワークを行ったこともあって、彼女が霊感めいたものを供えているのも確認済みである。

神様のいない神社。

そしてYさんが示す奇妙なワードに引っ掛かりを覚えながら、再び出来事の順番を脳内で整理して編集している矢先の出来事だった。


ギギギーイィイィー！

突然、急ブレーキの金属音が車内に響き渡り、電車が急停止を行ったのだ。その余りに凄まじい止まりっぷりに、思わず尻が半分浮いたくらいだ。

（何事か……！）

暗いトンネル内で車両は停止した。場所は表参道と渋谷駅の中間点くらいだろうか。少し間を置いて、スピーカーから車掌のアナウンスが流れ始める。

「……御利用のお客様に御迷惑をお掛け致します。ただいま東急田園都市線内・高津駅構内で人身事故が発生致しました。その関係で現在、東急田園都市線は全線に亘って、電車の運行を中止しております……」

高津駅、という言葉に頭を殴られたような衝撃を覚えた。

田園都市線・高津駅は、取材の待ち合わせ場所である溝の口駅の一つ手前の駅なのだ。慌ててポケットから携帯を取り出し時刻を確認する。

午後五時三十七分。

そのまま直行していれば、六時ドンピシャに溝の口駅に到着している時間である。しかし、このタイミングで、一つ手前の駅で人身事故など起きたら、溝の口でYさんと合流することは、ほぼ不可能だ。

（これは、取材してはいけない類の話なのか……？）

単純に、同僚を窘める意味合いの文面をパソコンに送っただけで、胸に刃を突き立てたという、荒っぽい『神様』のイメージが、私の脳裏に去来していた。

そんな私の動揺を他所《よそ》に、電車は少しの間を置いて動き出し、次の停車駅である渋谷へと辿り着いた。

「この電車は渋谷止まりとなります。なお、東急田園都市線は高津駅で発生した人身事故により全面運行休止となっております。現在、復旧の見込みは立っておりません。東急では振り替え輸送を行っております。お近くの窓口にて乗車券を提示して、振り替え輸送を御利用……」

再び車内アナウンスが鳴り響き、驚いた表情で座席から立ち上がる人々を横目で見ながら、私は、背中に氷を差し込まれたような悪寒に襲われていた。

突然の出来事に慌てふためく大勢の利用客等にとって、この事故は日常という単調な繰り返しの中で稀に起こり得るバグ、椿事《ちんじ》の一つに過ぎないだろう。

現実世界でただ一人、私だけが、畏怖と戦慄に見舞われていた。

知己の女性が遭遇した、ある神社に関わる奇怪な事件。

その詳細を尋ねようとした私の往く手を遮るかのような、突然の人身事故。

そして、それが起きた時間と場所は、私の心を震え上がらせるのに十分な伏線であった。大勢の人間が行き交うこの大都会のリアルの狭間で、私だけがその意味を知っている。来るな、知ろうとするなと言われている気がしていた。

やはり、これは、関わってはいけない案件ではないのかとも。


――さてさて、人の子は面白い。

人の子は何で自分だけは特別と思うのだろう？

どんな災いも、どんな呪いも、どんな妖も「自分だけは大丈夫だ。」と言って、入ってはいけない、触ってはいけない領域に近付いてくる。

特別な人の子なんかいないのに。

ただ、稀にどういう結果になっても良いと覚悟を決めてくる者がいる。

そういう人の子は、厄介だ――

いつぞや頂いた、あやかしの警告の言葉が脳裏に閃く。

それ以前に、今回の件は、既に打つ手がないのではと思った。

どう考えてもこの人身事故の収拾には二、三時間を要するだろう。つまり現場に向かうこと自体が不可能なのである。そのとき、脳裏に奇妙なヴィジョンが過った。

一度も利用したことのない、東急東横線・渋谷駅のプラットホームの情景だ。

(そうだ、溝の口駅にはＪＲ南武線も乗り入れている。南武線は東横線と連結していた筈……)


――ただ、稀にどういう結果になっても良いと覚悟を決めてくる者がいる。

そういう人の子は、厄介だ――

それは、どのような結末、顚末を迎えてもかまわない覚悟があるというのなら、来ればいいという啓示にも取れた。

(分かった。自分は、厄介な奴の方になろう)

その結論に行き着いた刹那、身体が反射的に動いて、私は人々の喧騒とアナウンスの響き渡るホームを走り出していた。

エスニック・エリア

Ｋさんは十数年前、奥さんを伴って東南アジアのある国へ旅行に出掛けた。

そこは、国民の八十パーセントが中国人という華僑の国なのだが、周辺各国に比べて生活水準の高い国で、宿泊したホテルの周辺も東京などと比べて、何ら遜色のない大都会。

初日は旅行会社の主催したバス観光で主要地域を巡り、ホテルに戻り夕食を済ませた後、翌日からはどこへ出掛けようかとガイドブックを開いた。すると、十年ほど前までは旅行者だけで立ち入るのは危険とされていたインド人居住区が、国策により再開発され、現在は自由に行き来できると書いてあり、エスニック風の衣料品や小物が格安で手に入るという。

面白そうだったので、この地区に出向くことにした。

初めは及び腰だった二人も、町をうろつく内に雰囲気に慣れてきた。地元の人間が利用する洋品店やスーパーなどに飛び込んで、外国にいるんだという緊張感と異国情緒を味わいながら居住区を巡り歩く。

ふと気が付くと、目の前に大きなショッピングセンターが立ちはだかっている。

ガイドブックを捲ると、一階は食料品、二階のエリアではエスニック衣料品が日本の五分の一程度の値段で手に入るらしい。

「入ってみようよ」

奥さんの一言で、Kさんはそこに足を運んだ。

そこは、日本で言うショッピングセンターとはおよそイメージの違う、吹き抜けの巨大なホールのような場所で、空調すら入っていない。

そして、そこに、何千という数のサリーやエスニック調ドレスがずらりとぶら下がっている。まるで屋根の付いた巨大なフリマ会場とでも言うべき場所だった。

余りの壮観さに奥さんは息を呑んだ。

どの店の服も装飾などに手が込んでいて、日本の相場で見ればかなり割安。しかし、余りにも数が多過ぎて、どの服を買えばいいのかがなかなか決まらない。

「お前、ゆっくり見てろよ。俺ちょっとその辺ぶらついてくるから」

流石に飽きてきたKさんは、奥さんを残して別のフロアを歩き始めた。

すると。

ショッピングセンター端の非常階段の横に、大きな祭壇が祀られている。

それは、ヒンズー教の象頭人身の神・ガネーシャの祭壇だった。

手前の卓には、たくさんの果物や供物が供えられており、香は今焚かれたかのようにまだ煙がたなびいている。恐らくそこを通るインド人達が捧げていくものなのだろう。日本のデパートの屋上にあるお稲荷さんのようなものと彼は判断した。

しかしそれは余りにもショッピングセンターの雰囲気にそぐわない、邪教的な印象を感じた。

「あれ?」

気付くと、その奥にも中央が吹き抜けになったフロアがある。こちらにはエスニック衣料ではなく、小物や雑貨などのお店が並んでいるのだが、何故か他の場所に比べて余り人の気配がない。彼はそのフロアへ足を向けた。

下を覗くとそこは広い敷地のフードコートとなっている。雑多に並んだテーブルの上で、多くの人がうまそうにローカルフードを食べていた。

腹が減ったなと思いながらそこを眺めていると、不意に誰かに呼び止められた。

「うん？」

振り返ったその店は、骨董品店だった。

店の者は、誰もいない。

ただ、そこにずらりと納められた無数の仏像の目が、爛々《らんらん》と光っていた。

恨めしそうな表情で。

脳裏に響く、外国語の読経のような声。

「うわっ！」

Kさんは悲鳴を上げてその前から足早に離れた。

すると、買い物を終えたのか、フロアの向こうで奥さんが手招きしている。

とはいうものの、もう一度あの店の前を通るのは御免だった。彼は吹き抜けのフロアをぐるりと大周りをして奥さんのところへ戻った。

「どうしたのよ？　まっすぐ戻ってくればいいのに」

「いや、実は……」

今目にしたことを手短に話すと、奥さんの顔も引き攣った。

「何かね、あなたがあそこ離れ始めたら、お店の中から白い煙みたいなのが流れてきて、ずっと後を追い掛けていたのよ、あれ何だろって思ったんだけど……」

翌日、市内観光の送迎で迎えに来た現地ガイドにその話をすると、骨董品店にあったのは、区画整理のときに移動された幾つかの寺院の像なのではないかという。

「移転のどさくさに紛れて盗まれて、骨董屋に売られたりするんですよ。きっと、もう一度拝んでもらいたいんだろうね」

怪しげな発音の日本語で、ガイドはそう呟いた。

逐電

川崎市にお住まいの、Ｍさんの体験談である。

Ｍさんがまだ御主人と交際中の頃、彼が東京の九段下にある靖国神社へ行きたいと言い出した。神社に併設されている遊就館という戦争資料館の零戦や戦車等の展示物が見たいという理由であった。

そんな訳で御主人と一緒に電車を乗り継ぎ、メトロ九段下駅から徒歩で神社へと向かう。正参道を歩いて菊花紋章も鮮やかな神門を潜ると、そこから入母屋《いりもや》造りの立派な拝殿が拝める。

ところが、その手前にある中門鳥居の左側に、奇妙な人物が立っていた。

旧日本軍の将校服を着用している初老の男性である。当時Ｍさんには、それが陸軍の制服か海軍のものかまでは分からなかった。

腕組みをしてサーベルを左の腰に差し、立派な髭を蓄えたその姿は、まるで不審人物を監視する警備の人間のように見えなくもない。

一瞬、そういった軍装品マニアのコスプレかなとも思ったが、男の纏う雰囲気はもっと険しい。軍服にはうっすらと土埃が被り、所々に穴や擦り傷などがあり、いかにも歴戦のつわものといった空気感を醸している。

その男の前を通るとき、更に奇妙なことに気が付いた。破れた軍服の膝の辺りから、剥き出しになった皮膚と骨が見えたのだ。気になって振り返ると、将校服の男の目は、じっと彼女等を睨んでいる。射貫くような視線に、Mさんはゾクッとした。

「ねえ、鳥居のところに、軍人さんみたいな人いなかった？」

御主人に尋ねてみたが、そんな人いたっけ？　と首を傾げられた。

気味が悪いので深く考えるのを止めて、神社の拝殿に賽銭を入れると二礼二拍一礼。そのままお目当ての遊就館へと向かった。

ガラス張りの展示棟入り口には、太平洋戦争で実際に使用された零戦や大砲などの復元物が数多く展示されている。ところがそこまで辿り着いた辺りで、今度は御主人の方に異変が起きた。

「おかしい。足が動かない……」

白昼の出来事であり、周囲には他にも参拝の人間がいた。そんな最中で彼は、遊就館の入り口手前で突然足がびくとも動かなくなり、どうしても前に踏み出せないのだという。そうこうしている内に彼は顔面蒼白となり、その場に蹲《うずくま》ってしまった。

「駄目だ、俺、ここ入れないや……」

Mさんは驚いた。御主人は「そういう類の話」を信じないタイプの人間であるのだが、この場所に対して、何かしら不穏なものを感じ取っている。幸い近くに大きな石があったので、彼を座らせ、背中をさすったりしたのだが、Mさんがこれまで見たことがないくらいに顔を歪め、呻いている。

仕方なく遊就館は彼女一人で回った。戻ってきたMさんに御主人はもう出ようと彼女に切り出した。頷いて順路を引き返し、再び中門鳥居の前に来ると、あの将校服姿の男は、こちらに来たときと寸分違わぬ状態で腕組みをしている。直立不動の姿勢にも拘らず、その鋭い視線だけは、鳥居の外に出る彼女等二人をひたすら追い掛けていた。

境内を出た後も御主人の不調は治まらず、結局歩道の脇で二時間ほどへたり込んでしまい、仕方なく、その日はもう引き揚げることにした。

ところが。

何とか九段下駅まで辿り着き、電車に乗った刹那「あれ、急に軽くなったぞ」と御主人が声を上げた。

「それから主人は、みるみる元気になったんで、どういうことなのかなって」

Mさんにはその手のことに詳しい僧籍の知己《ちき》がいる。後日、御主人共々その方に相談を持ち掛けると「ああ、どうやら大勢の方が乗ってらしたみたいだね」と言いながらお祓いを施してくれた。まだ何かあるようなら来てくださいと言われはしたが、その後の変調は特になかったそうである。

話を伺っていた私は「靖国に祀られてはいたけれど、やはり故郷に帰りたいと願った英霊の方達が、見張り役の上官の目を誤魔化す為、御主人を「隠れ蓑」にして乗られたんじゃないですか?」とMさんに告げるとそうかもしれませんという返答を頂けた。逐電に成功した方々は、電車に乗って、それぞれの故郷へと戻られたのかもしれない。

そして、Mさんも御主人も、以来靖国神社には伺っていないそうだ。

霧の中より

当時、西東京に住んでいた、N島さんの大学時代の話である。

彼女は、あるゼミの授業終了後、教室前で講師の老教授に呼び止められた。

「N島君、君は確か北海道の出身だったよね？」

「はい」

彼女は室蘭の出身であった。突然の質問に首を傾げていると、教授は顔を緩めながら、君自身か、君の周りでこんな話を聞いたことはないかと問い掛けてきた。

以下はその老教授の話を、物語形式に纏めたものである。

——太平洋戦争末期の一九四五年のこと。

一般的には、一九四五年八月十五日が、日本の参戦していた太平洋戦争の終戦記念日として浸透しているが、その実情はと言うと、ポツダム宣言受諾の八月十五日以降も、最前線ではまだあちこちで戦闘が継続された状態であった。

特に、宣言受け入れ直前の八月九日のソ連対日参戦は、事態を楽観視していた大本営の判断の誤りで、ろくな対策も打てぬままに満州・樺太・千島へのソ連軍の侵攻を許すこととなる。

まだ幼い少年だった教授は、その頃、両親と樺太で暮らしていた。

しかし、このこのソ連の対日参戦により、彼の一家は住み慣れた家を棄て、樺太庁と方面軍で計画された邦人の本土疎開計画により手配された引揚船にて、本土へと逃げ延びる決意をした。ポツダム宣言受諾による停戦申し入れをソ連側に交渉した日本軍の特使があちこちで射殺される事件が勃発し、このまま樺太に留まることに身の危険を感じていたからである。

その日、引揚船の停泊する軍港は大勢の人々がひしめき合っていた。

遠くでは銃声と爆音が上がり、侵攻してきたソ連軍と境界付近を自衛守備する日本軍との間で戦闘が開始された様子である。あちこちで悲鳴や怒号が上がる中、教授の一家は何とか引揚船に乗り込むことができた。ソ連航空機の爆音が頭上に響き、遠目に黒々と立ち上がる幾つもの爆炎が見える。もうすぐそこまでソ連の軍隊が侵攻してきているのだ。不安な面持ちを隠せない両親に抱き抱えられながら、幼かった教授は生きた心地がしなかった。

やがて街の境界付近に煙が上がり始めた頃、一家の乗り込んだ貨物船は出港の合図を鳴らし、港を離れ始めた。

ホッとしたのも束の間だった。船の右手側からどよめきが沸き上がる。

見れば引揚船の右後方から三隻のソ連軍哨戒艇《しょうかいてい》が現れて、猛スピードでこちらへと迫ってくるではないか。

哨戒艇はスピーカーからロシア語で何事かを呼び掛けている。恐らく停船命令だろう。しかし大人しくここで拿捕《だほ》されて港へと戻ったら、ソ連軍に何をされるか知れたものではない。あちこちでソ連軍の一般市民への虐殺や略奪が横行しているという噂が彼等の耳にも届いていた。引揚船の船長もそう考えたのかも知れない。船足が僅かに上がる。

ちょうど前方の海域には、この季節特有の海霧が発生していた。引揚船の船長はこの霧の中に逃げ込んで哨戒艇を撒こうと考えたのであろう。

しかし避難民を満載した貨物船と機動力が売りの哨戒艇では余りにもスピードが違い過ぎる。その距離はみるみる縮まってしまう。

そのときである。

立ち込める海霧を切り裂いて、前方から灰色の巨大な船影が現れ出た。

それは艦橋と船尾に旭日旗を翻した、日本海軍の戦艦であった。

戦艦は引揚船を守るかのように、迫りくるソ連哨戒艇に砲門を向けた。どぉんと重々しい、主砲の炸裂音。

海面に巨大な水柱が立ち上がり、勝負にならないと判断したのか、三隻の哨戒艇は慌てた様子でUターンする。引揚船の甲板の上で歓声が上がった。

軍艦は暫く引揚船と並行して進んだが、やがて次の任務に赴くかのように、途中で進路を外れて、濃霧の中へと姿を消していった。

こうして、教授の一家を乗せた引揚船は、無事目的地に寄港することができた。


内地に到着すると、疎開作戦担当の関係者が、よく戻ってこられたと涙ながらに迎えに出ていた。あれから間もなく、樺太は侵攻してきたソ連軍に占領され、一般市民にも多くの犠牲者が出て、避難が間に合わず、現地で集団自決した者も大勢いたのだという。

「兵隊さん等のおかげです」

引揚船に乗り込んでいた避難民等は、口々にソ連の哨戒艇に捕まるところを、間一髪で日本海軍の軍艦が助けてくれたことを口にした。

ところが、疎開作戦に携わっていた軍人等は眉を顰めた。

何故ならその頃、既に帝国海軍の戦力はほぼ壊滅していて、引揚船の護衛に回せるような船舶など、その海域には存在しなかったからである。

ましてや大型の砲門を備えた戦艦など。

でも間違いなく助けてもらったんですという彼等の証言は「何かの間違い」とされ、その後、相手にもされなかったそうである。

「そんなことが昔あってね。あれは私の記憶違いではないということを確かめたくて、北海道出身の方には、知り合いからそんな話を聞いたことがないかと、いつも伺っている次第なんだ」

私は存じておりませんと、N島さんは答えるしかなかったそうである。

七福神の社（敬神）

神社というと、読者諸氏は、どのような場所と認識しているのだろうか？

今でこそ、こんな話を書き連ねている筆者自身が、実は両親からは「神様がお願いを叶えてくれる所」という、余りにも安易な説明を受けていた為、中学生の頃までは、本気でそういう場所と思い込んでいた。そんな自分が現在の認識を持つまでに至ったのは、その後紐解いた、数々の小説や書籍の中に知識として盛り込まれていた、様々な注釈や逸話からである。

「神様をお祀りしている場所」「神様の家みたいなもの」

知り合った数人の神職や神社関係者の方からは、そういった無難な回答を頂いている。そして私自身もそれを前提に、数々の不可思議な力や現象が交錯する場所、その癖、礼節を弁《わきま》えていれば心霊スポットのように危険ではない場所（何しろ出入り参拝自由な場所なのだ）という認識がある。

その中には、先に述べた礼節と手順とを踏まえれば、幼少の頃に、私が両親から説明を受けたような「超自然的な事象＝願い」が叶うということも含まれている。

この章では、私もよく足を運んでいる、ある一つの「社」に纏わる、幾つかの挿話を連ねてみて、そうした事例を取り上げてみたいと思う。


本刊の姉妹書『物忌異談』冒頭に登場する、白狐を題材として描く神獣画家のN川さんは、神社に奉職する巫女としての、もう一つの顔を持っている。

彼女の奉職する神社は、歴史の古い有名なお社であるのだが、その境内に七福神が祀られており、それをあしらった宝船の授与品が、社務所で頒布されている。N川さんは月々の初奉職の日には、必ず境内の末社・摂社・本社のそれぞれに、朔日《ついたち》参りを兼ねた御挨拶をされているそうである。

その年の四月の初奉職の日もまた、いつもの様にお社を回りながら賽銭を入れ「本月も宜しくお願いします」と二礼二拍手一礼の挨拶を行っていた。

ところが一番最後の七福神のお社のところで、財布の中の百円玉がなくなってしまった。残りは五百円硬貨と、百円より小さな硬貨ばかりである。

こんな場合、私のようなしがない一般人であれば、神様に平頭しながら他の小銭を代用してことを済ませていただろう。そして神様等も苦笑いしつつも、わざわざ参拝に訪れてくれたことを快く思って、許してくれるとも思う。

だがN川さんは、奉職している社の神様等に失礼と考え、躊躇することなく、ごく当たり前の感覚で、財布の中から五百円玉を取り出し、賽銭箱に入れた。

前作『物忌異談』では、一拍置いてから「チャリン」と賽銭の落ちる音がして、幸先が良さそうだと願を掛けると、そこから数々絵画の仕事が舞い込んだという挿話を収録させてもらっているのだが、今回は何と、「ジャラジャラジャラジャラジャラーン！」という、大きな音が賽銭箱から響き渡った。

余りに大きな音だったので、流石のN川さんも驚いて一瞬硬直したが、すぐに前回の出来事を思い出し「今回も、何か良いことがありますように」と手を合わせた。

すると一時間もしない内に宮司さんから声を掛けられ、お社の方で、彼女の既存の作品を一点買い上げたいという話が持ち上がったそうなのである。

また、そこを起点にして、再び個人オーダーの依頼も立て続き「今回もまた、返礼の桃の献上をしなければいけませんね」と笑顔で語ってくれた。

「彼等は見ている」は私の持論であるのだが、それにもまた、よい意味と悪い意味が含まれている。以前に恐山の挿話でも語ったことがあるのだが「神様が見ているよ」という事象は、少なくとも聖域内では有り得ることだと、私は捉えている。

決して付け焼き刃の姿勢では、それが叶わないだろうということも。

七福神の社（傲慢）

実のところを申せば、私はN川さんの奉職されているこの「七福神の社」とは、それ以前から因縁浅からぬ関わりがあった。その為、取材をしている最中に、N川さんがこのお社に奉職されていると聞いたときは、ありきたりの例えではあるが、口から心臓が飛び出しそうになるほど驚いた。

あの件がここで、こう関わってくるのかと。他の逸話の中でも繰り返し述べていることなのだが、一度結ばれた「縁」というものは、良くも悪くもずっと関わってきて、なかなか途絶えるものではない。だから「良縁」は自身が頭を下げてでも大切にし「悪縁」と思えるものは可能ならば遠ざけるに限ると、私は考えている。

それが神社との「御縁」というなら、猶更《なおさら》なのだ。

その「縁」に因んで、ここでは私が「七福神の社」と初めての関わりを持った、ある異談を紹介してみたいと思う。


今から十年程前の話である。

私は、当時付き合いのあった友人女性M嬢から奇妙な相談を受けた。

当時、彼女の母親は肝臓ガンを患い入院していたが、経過は思わしくなく、私がM嬢から相談を持ち掛けられた時点で、既に集中治療室で昏睡状態に陥っていたそうである。


「……病室に、黒い奴がいるんだよ」

実家から離れて暮らしていたM嬢が、そんな母親を見舞いに訪れると、病室の視界の隅をサッ、サッ、と黒い影がちらつく。彼女は子供の頃から霊感が強く「この世のものでないモノ」をよく目撃する女性だった。

「ヤバいなって思った」

M嬢は、その黒い影を「死神めいたもの」だと直観的に感じていたそうである。

と同時に、ほぼ同じ頃から、不思議な夢を見るようになった。

その夢の内容とは、海沿いの防波堤のような場所で、自分と父親、兄と弟が必死になって手を振っている。その波間の向こうには満帆の帆を膨らませた「宝船」が見えるというものだった。

「あの宝船の正体が分かれば、ウチの母親、助かる気がするんだよね」

私に持ち込まれた相談事とは、その夢の「宝船」は何だろうかというものだったのである。

しかし、話自体が漠然とし過ぎていて話の肝が掴めない。

首を捻りながら「何だろうね」と返答するのがやっとであり、その場はそれでお開きとなった。

M嬢から相談を持ち込まれた、その週末のことである。

私は妻のお付き合いでショッピングの同伴に赴いたが、いつもは足腰が抜けるほど買い物を付き合わせる彼女が、その日に限り「たまには別々に行動しましょう」と、風向きの違う別行動プランを提案した。手応えがいつもと違うなと首を傾げつつも、私はその考えに乗り、出先周辺の街中を気儘にふらついていると、不意に、神社の案内看板が目に飛び込んできた。

これまで足を運んだことのない社である。

好奇心に駆られそこに足を運び、鳥居を潜ってふと社務所を見ると、そこには七福神をあしらった「宝船の授与品」が飾られている。

途端に、M嬢から持ち掛けられた相談の内容が、脳裏を過った。

(ここか!)

引っ張られたと直感した私は、その場でM嬢に携帯から電話を入れ「宝船の謎が分かった」と一部始終を告げると、彼女から母親の名前と生年月日を聞き出し、改めてその社に、M嬢の母親の病気平癒の御祈祷を依頼した。

すると、その祈祷予定日を境に、彼女の母親は病状が劇的に回復し、肝臓からガン細胞が消えているという医師の驚きの診断結果を父親に報告した。その後の経過も順調で、月末には退院という運びにまでなったのである。

この唖然とするような奇瑞を見せたのが、先のN川さんの奉職している「七福神の社」なのだ。

当時の行き付けのファミレスで、M嬢からその顛末を聞いた私は、自身の読みが間違っていなかったことに安堵しながら、彼の「七福神の社」の所在地を告げて、祈祷結願の御礼参りに伺うよう、彼女に進言した。

ところが、M嬢からは、予想外の返事が返ってきた。

もう母親の周辺に、あの死神らしき影は見えなくなったから、その必要はないと言い張るのだ。私は「影が見えなくなったのは神社の験力《げんりき》だと思うから、御礼参りは行ってほしい」と主張したが、肝心のM嬢の方は「こっちの世界のことは、お前よりも私の方がずっと詳しい」の一点張りで全く聞き入れようともしない。

「七福神の社」は、彼女の住むマンションから直通電車を使って僅か三十分足らずの場所だ。それほど苦になるとも思えなかった。それでもなお、私が神社に御礼に行くようにと言い続けると「あれって、そんな面倒臭いことだったのか」と吐き捨て、最後には「それじゃ、それもまた、お前が代わりに行って来てくれよ」と口を尖らせ始めたのである。

彼女の言い草に、私は絶句してしまった。

自分の母親が病魔から救われたと言うのに、その御礼参りが「面倒臭い」とはどういうことなのだろうと。だが、仏頂面を崩さないM嬢の顔は、冒頭章の「身固」で述べた「喉元過ぎたものの、それ」と化していた。

「身固」に登場したKは、元々無神論者であった。

だから、そういった世界の理屈がよく呑み込めなかったのも仕方がなかったのかもしれない。

しかしM嬢に関して言えば「この世ならぬモノ達」が視えるほど霊感に長けている人間なのだ。

そうした人外の存在を肯定している彼女の口から、そのような台詞が吐かれるとは予想もしなかった。

結局話し合いは物別れに終わり、M嬢は私の再三の説得に応じることなく「七福神の社」への御礼参りには、結局私が一人で伺う羽目となった。

（こちらの神様には申し訳ないことになりましたが、この件は、本当にこんなことで大丈夫なのでしょうか？）

拝殿の前で手を合わせながら、私がそう思ったのは、言うまでもない。

その年の盆明けのことである。

怪談好きのM嬢から近況報告を兼ねてお茶しようという誘いが入り、件のファミレスまで出向くと、彼女は顔を合わすなり「面白いことがあったんだよ」と笑顔を向けた。M嬢は無事に退院した母親の様子見を兼ねて、お盆を実家で過ごしていたそうなのだが、そこで奇妙な体験をしたのだという。

マンション暮らしをしているM嬢の部屋は既に実家にないので、彼女が泊まりになるときは仏間に布団を敷いて寝るそうなのだが、その年の迎え盆の晩、家族団欒の時間が終わって床に着くと、何と頭上に位置する仏壇の中から、御先祖様らしき白い人影が続々と現れて、彼女の布団をぐるりと取り囲んだそうなのである。何事なのかとM嬢は身体を動かそうとするが、金縛りに遭って手足は全く動かない。仏壇から現れ出た御先祖様らしき約二十体の白い人影は、何も言わずに立ったまま、彼女の顔をじっと見下ろしている。

結局それが、迎え盆から送り盆まで続いたそうなのだ。

「まあ、お盆だし、御先祖様もウチの母親を心配したんだろうね」

M嬢はそう言って余り深刻には捉えていない様子であったが、傍で聞いていた私の方はぞくりと鳥肌が立った。

彼女はすっかり忘れている様子なのだが、それはあの「七福神の社」でM嬢の母親の病気平癒の祈祷を行ってから、翌月がちょうど一年目になるからである。やっぱりあの件で、焦れた御先祖様等が出てきたんじゃないのかと、宝船の夢も彼等の計らいだったのではと、柔らかく諭すように告げると、

「何だお前、またその話を蒸し返すのか。あれはカタが付いたんだって」

と膨れ面を作って、再び取り付く島がない。

この「七福神の社」の件については、やはり祈願人であるM嬢自身が結願《けちがん》を申し出ねば拙《まず》いような気がしたのだが、この調子ではそれは不可能であろう。最早何を言っても無駄だと、私は無視を決め込むことにした。

だが。

それから半月程して、M嬢からえらい剣幕の電話呼び出しがあった。

何事かと私がいつものファミレスに出向くと、血走った様子の彼女が「お前、私に、呪いか何か仕掛けてないか」と詰問口調で問い掛けてくる。

事情を説明しろと言うと、昨日恐ろしい夢を見たのだという。

時代劇のお白洲《しらす》のような場所で、彼女は正座させられている。

彼女の周辺には、やや距離を置いて車座になった大勢の人影が正座しているのだが、その顔形はよく分からない。そしてお白洲の上座に当たる場所では、位の高い何者かが非常な剣幕で怒っている。そして、その何某《なにがし》かが怒りの様相を見せる都度、M嬢の全身には電撃のような、凄まじい激痛が走った。

何で自分がこんな酷い目に遭わなければいけないのか。

そう考えながら、自分を取り囲む群衆等を見渡したとき、彼女はその中に、見知った顔を発見した。

それが私だったのである。

「だからお前、あの件を根に持って、私に何か仕掛けてるんだろう？　ウチの親もまた急に体調崩し始めたし、そういうことは止めろよな」

M嬢から話を聞くなり、私には全てが見えてしまった。

時が来てしまったのだと。

それはちょうど、M嬢の母親の病気平癒祈祷を「七福神の社」で行ってから、まる一年を経過した辺りだったからである。

もう、何をしても無駄だという手遅れ感が否めなかった。


そして彼女には何も告げずにその場を去ったのだが、数日して再びM嬢から携帯に一通のメールが着信した。あれから彼女の母親は急激に体調を崩し再入院、精密検査を受けると、消えていた肝臓のガンが再発していた。

M嬢は漸くことの重大さに気が付いた様子なのだが、それでもメールには呆れるようなことが書かれていた。そこには「あの神社にもう一度、母親の病気平癒の祈祷を頼んでほしい」と綴られていたのである。


あれだけ怒っている神様の様子をまともに見ているM嬢は、最早自身で願掛けに出向くのが恐ろしかったのかもしれない。

だが私は「もしそう思うのなら、今回は自分自身で神社に願掛けに伺ってほしい。この件に関しては、少々出しゃばり過ぎた」とその申し出を断った。

前回の苦い経験に懲りず、妙な正義感に駆られて同じことをすれば、今度は自分が持っていかれる気がしたからである。結局M嬢は、社に対して願掛けにも願解きにも訪れなかった。そして彼女の母親も、ガン再発からかっきり半年で亡くなった。

怖いのは母親の死に付随した、その後の出来事である。

M嬢の母親が亡くなるひと月前、関西の某有名神社の神官を務めているという母親の義兄（M嬢の義理の伯父に当たる）が伯母共々、遠路はるばる見舞いに訪れた。だがこの伯父が彼女の母親の死後ひと月して、何の兆候もなく、突然亡くなってしまったのである。実は、M嬢は知らなかったと思うのだが、この亡くなった伯父の奉職していた社と「七福神の社」は、御祭神が同じなのだ。

彼女の傲《おご》りと怠慢から生じてしまった、ともすれば家系全体に及びかねない由々しき事態を、この神官の伯父が合間に入って清算してくれたという感じが否めないのは、果たして私だけであろうか。

当然のことながら、私とM嬢の仲は急速に冷え切った。

そしてこの件で「プロでもない自分が、あちら側の件に関して、必要以上に深く首を突っ込むべきではない」という、厳しい教訓も得た。

現在私は、自分と人間関係の確立していない方に対して、こうした相談に応じることも、またお社に同行することも基本的にお断りしている。

まだどのような考えをお持ちなのか分からない方のお付き合いをして、勝手な解釈を行われ、再び何かが起きてしまってからでは、責任の取りようがないからである。（この件に関してM嬢は、自身の親の生死に関わる懸案にも拘らず、自説を振り翳して最後まで何ひとつしていない。私が立て替えた祈祷代すら支払っていない。社から咎《とが》を受けるのは止むなしと考えている）

結果的に私は、この件で「七福神の社」に対して引け目を覚え、やや距離を置くような姿勢になっていた。

ところが「縁」とは異なもので、この社との関わりは、それでは終わらなかった。

七福神の社（信心）

前章にも述べた通り、多大なる奇瑞を示してくれたにも拘らず、その加護に報いきれなかった感のある私は、いつしか「七福神の社」を遠ざけるようになった。顔向けができない感と表現すれば、この心情は伝わり易いだろうか。

ここまでを読まれた後、再び読者諸氏にとって、神社というものはどんな場所なのかと問うてみたい。個人的な主観ではあるのだが、私はそこに「こちら側」に対する明確な意志めいたものを感じているからだ。

今回の登場人物は『方違異談 現代雨月物語』の「御眷属拝借」に登場した、あの生霊の老婆に悩まされたS村さんである。

先のM嬢の一件から暫くして、久しぶりにS村さんからのメールが届いた。

そこには、三峯神社から借り受けた「狼札」を母親共々大切にお祀りしていますという御礼の書き出しから、現在S村さんが思い悩んでいる切実な内容が綴られていた。それは、彼女の母親が、急遽白内障の手術をしなくてはいけなくなったという事である。

白内障とは加齢など様々な要因で、眼球の中にある水晶体の蛋白質が異常変質して曇りが生じ、視力に異常を来《きた》す病気であり、放置していれば失明の危険性もある。運の悪いことにS村さんの母親は、両眼にこの白内障の症状が出てしまい、医師の勧めで早期に手術を行うことになったそうなのである。

現在の医療水準の中では、白内障の手術自体それほど難しいものではない。しかし百パーセントの成功率を誇るものでもないのも確かであり、しかも彼女の母親は両眼を手術しなければいけない。万が一のことが起きたら、心臓に疾患を抱える彼女一人では大きな負担となる。どこか強い験力のあるお社に手術成功の力添えをお願いしたいので、そういう場所を御存知ないかという問い合わせであった。

このとき私の脳裏に過ったのは、凄まじいまでの奇瑞を見せてM嬢の母親の肝臓からガン細胞を消し去った、あの「七福神の社」である。

彼女の家に祀られた「狼札」は、S村さん母娘を襲った災厄の消滅に大きな霊験を顕した。しかし、今回の件に関して言うのなら、三峯の狼達には少々荷が重い気がしないでもない。だからこその問い合わせでもあったのだろうが、件のお社の祭神は、非礼なM嬢の身に容赦ない鉄槌を下した、手厳しい神様でもある。もう一度状況を見誤れば、S村さんの身上どころか、仲介した私自身もお社から「懲りぬ奴」の烙印を押されかねない。少しの間考えあぐねたが、三峯神社から借り受けた「狼札」をきちんとお祀りしてくれているS村さん母娘の信仰心に、私は賭けてみることにした。

「うってつけのお社を一つ知っています。ただし、ここの神社は験力が強い反面、とても厳しいです。嫌な前例がありますので礼節を尽くし、願望成就の際には、御礼参りを忘れることなくお願いしたいのです」

私の脳裏には、前章で紹介したM嬢の家の顛末が、ありありと蘇っていた。

M嬢の実家は、その地域の元議員さんであり、正月等にその前を通ったりすると、年始の挨拶回りの車がたくさん停まっているような家であったのだが、先の件があった翌年辺りから、そんな様子を見なくなった。勿論彼女とは没交渉のままなので、どうしてそうなってしまったか正確な理由は分からない。

ただ、お盆に仏壇から御先祖様総出で現れて、彼女の失態を問い詰めるような件があったり、大きな神社の宮司をしていた伯父が急逝することも起きたのだから、その影響がやはり一族全員に及んでしまった可能性もないとは言えない。

一見、単に神社の願掛けにお付き合いするだけのことなのだが、S村さんに同行する際、前回の「御眷属拝借」同様の緊張感を強いられたことを、ここに付け加えておくことにする。


S村さんとは三峯行から二年振りの再会となった。

待ち合わせ場所から大きく手を振ってくれる彼女の姿を認めると、その場で短く近況を交わし合い、私はS村さんを「七福神の社」へと案内した。

その間、特に何が起こった訳でもない。

ごく普通に鳥居を潜り、拝殿にて二礼二拍手《はくしゅ》一礼。

その後、社務所にて彼女の母親の手術成功の祈願手続きを行う。

S村さんが用紙に必要事項を書き込んでいる間に、ふと、例の宝船の授与品が私の目に留まった。

「S村さん、こちらも頂いていくと良いですよ。いつもS村さんとお母様のいる部屋の、高い場所に飾ってください」

あのとき、何故そんな台詞を口にしたのかは分からないのだが、ともかく、そのときはそうした方が良いと思ったのである。S村さんは何の疑いもなく、その授与品も購入した。

参拝と祈願手続きをした後、私とS村さんは手近の店で再び近況報告の続きを行い「お母様の手術が無事に済むといいですね」の言葉を最後に最寄り駅で別れた。

勿論、そのときにM嬢とその身辺に起きた事件については、何も語らなかった。

それは飽くまで余計なことであり、私は三峯の狼札を言い付け通りに手厚くお祀りしてくれている、S村さん母娘の信仰心を信じたのである。御眷属様の御借受のときと同様、しくじればもろともの覚悟もしていた。

手術当日、S村さんから無事終了のメールが携帯に届いた。

その後の経過も順調に進み、ひと月程経過すると、S村さんの母親の視力は無事に回復したそうである。彼女からは早速「七福神の社」に御礼参りに伺いたいとの連絡が入った。やはりきちんとしてくれている。私はホッと胸を撫で下ろした。

再び同じ場所で待ち合わせ、社に対しての御礼参りと奉納を納め、再び近況報告を交わしたとき、S村さんの口から驚くべき話が飛び出した。

祈願手続きを行ったその晩のこと。

私の言葉に従い、宝船の授与品を持ち帰った彼女は、それを母親の寝室の高い場所に置くことにした。

すると、就寝した母親の夢の中に「宝船」が現れたという。

その船には「健康」と象《かたど》られた金塊が、山と積まれていた。

翌朝、目覚めた母親は、自分の目の手術が、必ず成功すると確信した。

そして手術は無事に成功、母親の視力は順調に回復し、S村さんは「絶対に御礼に出向かないといけない」と意気込んでいたそうなのである。

返す言葉がなかった。余りにも分かり易い霊験。

そして、先のM嬢の場合とは、天地ほどの開きがあるその結末。

「神社」とはそういう場所なのだと私が思い知った、一連の逸話である。

封印法

学生祓い師のTさんは、「現代雨月物語」シリーズでお馴染みの登場人物だ。

特異体質である彼女からは以前よりたくさんのお話をお預かりしている。

Tさんの不可解な体質、それは「あやかし・妖怪の類は見えるが、人霊は見えない」というものである。その為、彼女の元には通常の霊能者では手に余るような、風変わりな案件が持ち込まれてくる。


本書でもまた、こうした話の幾つかを紹介していきたいと思う。


そこは神奈川県の市街地に位置する、高速道路下に設けられた地下道。

その場所では、トンネル内を横切る正体不明の黒い影のようなものがしばしば目撃され、付近の住民から気味悪がられていた。

過去にひったくりや傷害事件が起きたこともあり、彼女の所属している祓い師グループに、その影法師が無害なものなのかどうかの調査依頼があったそうである。

だが、先に派遣された霊能者等では、問題の影法師の正体がはっきりと掴めず、とうとうTさんに依頼が回ってくることとなった。


指示された地下道へと出向くと、そこは市街地の中に位置しているにも拘らず、人通りの少ない、うら寂しい雰囲気の場所である。

そして、橋梁下に設けられた長さ五十メートル程の壁面には、ペンキで無数の絵が描かれていた。プロの画家が描いた芸術的な画風ではない。小学校低学年の子供達が描くような、拙《つたな》い感じのタッチのものばかりである。

Tさんが通路の真ん中辺りまで差し掛かると、早速、お目当ての影法師が壁際に立って絵を眺めているのが見えた。彼女に視えるということは、これは人霊ではなく「あやかし」の類のものだ。Tさんが声を掛けると、影はぎょっとしたような素振りを見せて、壁の中へと滑り込む。

「待って」

慌てて声を掛けたが、影法師は壁の中に引っ込んだまま出てこようとしない。仕方がないのでその状態で、Tさんはあやかしの消えた壁面に向かって、彼は何者であるのかを問い掛けた。

影法師のあやかしは、渋々ながら彼女の問い掛けに答え始めた。

それによると件のあやかしは、高速道路が開通した頃から、この地下道を棲家にしたという。そして、悪戯心から、この地下道を利用する人間達の耳元にそうっと語り掛け、過去にここで起こった事件の原因を作り、人々が慌てふためいて大騒ぎするのを、ほくそ笑みながら眺めていたそうである。

ところがある日、一人の男性が現れて、この地下道の壁面に、眼前にあるような、たくさんの絵をペンキで描いていったという。それはこの近くにある小学校の児童達が描いた作品を再現させたものだそうだが、影法師のあやかしは、何故かその壁面の絵が気に入ってしまい、今は人を惑わすことをやめて、毎日この絵を見ながら過ごしているそうである。

Tさんにはその地下道の壁面に絵を描いた男性が、単なるイベント的な意味で偶然それを描いたのか、それとも、この場所の災いを憂いた「視える力を持つ人」が、あやかしを大人しくさせる為に用いた独特の封印法なのかは図りかねた。ただ、力ずくであやかしを祓うよりは、ずっと上手な方法だと感心したという。

「あやかし達にはあやかし達の世界があり、ルールがあります。その感性は人間のそれとは大きく掛け離れていますから、単に人の都合で、追い払ったり、縛り上げたりするのは、私は余り良いこととは考えていません」

所属グループの長に「あの場所に住むあやかしは無害である」と彼女が報告したのは、言うまでもない。

あやかしマンション

学生祓い師のTさんが、その不可解な建物の存在に気が付いたのは、大学に入学して半年ほど経過した、秋口の頃であった。

彼女の家から学校までは通学に路線バスを使用していたのだが、途中のバス停近くに、八階建ての奇妙なマンションが建っていることに気が付いた。

入学したての頃はまだまだ日の長い季節であった為よく分からなかったが、夏を通り越し、立秋が過ぎて日の入りが早くなった辺りのこと。

彼のマンションの一階と二階は、コンビニやラーメン屋、雑貨屋や服飾店などの店舗区画になっていて、それなりに繁盛している。しかし、大学の講義を終えて、帰りのバスに揺られながら、ふと車窓の向こうを見ると、日が落ちてシルエットとなっているそのマンションには、三階より上の居住区画の電灯が点いている場所が数か所しかない。外観から居住数を見積もれば、そこにはざっと二十四世帯が入居できる勘定になる。このマンションが賃貸なのか分譲なのかは分からないのだが、市街地のど真ん中で交通が至便な場所にあり、階下の店舗層の流行り具合等と比較して考えてみると、その様子は違和感があった。

考え過ぎかなとも思ったが、その日から何度見返しても、マンションの三階より上の居住区には、三世帯以上の明かりが点いているのを見たことがない。とうとう好奇心を抑えきれなくなった彼女は、ある日の学校帰りにバスを途中下車して、このマンションの探索を行ってみようと思い立った。

日が落ちてすっかり暗くなってはいるものの、大通りに面したマンション前は普通に人通りがあり、一階のコンビニやラーメン屋の明かりが煌々と足元を照らしている。見慣れた感じの、普通の宵の口の街中の風景だ。

件のマンションの居住区への入り口は、通りの裏側に位置している。オートロックの付いていない、やや古い形式の構造で部外者でも出入りは簡単だった。Tさんはいかにも居住者という素振りでロビーのドアを開いた。

右手には集合ポストと階段があり、正面にはエレベーターがある。

Tさんはエレベーターの昇降ボタンを押した。

ガコンという機械音とともにドアが開き、同時に彼女のマンション探索はそこで終了を告げた。

エレベーターのケージの中には、もそもそと蠢く、真っ黒な風船のようなものがぎっしり詰まっていて、怯んだTさんはそれに乗ることができなかった。

それは「これ以上踏み込むな」というメッセージにも取れたそうである。

「私に視えたということは、あやかし関連の仕業だということになりますが、エレベーターの扉を開くまでその気配を感じさせなかったのは、相手がそれだけ大物ということなので、それ以上の詮索は諦めました。それにしても、そんなマンションに平気で住んでいる上階の住民って、どんな方々なんでしょう？」

まさか、その人達が……ですよね？　という感じで、Tさんはこの話を締め括った。

紫陽花

これはTさんが、高校生だった頃の話だそうである。

その日、彼女は学校の授業を終えて、自宅への帰途に就いていた。

当時のTさんは、自身の通っている高校まで、自転車通学をしていたそうである。

梅雨時期の、ややしっとりとした空気が心地よい六月の午後。

通学に行き来する、緑と坂道の多いいつもの街角。

学生鞄を前籠に入れ、自宅近くの小さな交差点で信号待ちをしていると、不意に彼女の制服の右肘を誰かが引っ張った。

(えっ……?)

足を止めて振り返ると、そこには、青いポロシャツに半ズボン姿の、小さな男の子の姿。年齢は五歳前後だろうか。癖のない真っ黒な髪に、長い睫毛、くりくりとした円《つぶ》らな瞳が可愛らしい。ただ、その表情はどこか思い詰めたような風がある。

「坊や、どうかしたの？　迷子になっちゃったの？」

Tさんが身を屈めて優しく言葉を掛けると、男の子は黙ったまま、ぐいぐいと掴んだ袖を引っ張る。

「え、どうしたの？」

その質問にも答えず、男の子は彼女の袖を引いて、視線を彼方に流しながら、交互に訴えるような眼差しでこちらを見上げる。雰囲気的には「一緒に来てほしい」と懇願されている様子だ。

「私に来てほしいの？」

男の子はこくりと頷くと、今度はかなり強い力で制服の袖を引っ張る。どうして欲しいのかも分からぬまま、彼女は自転車を降りて、男の子が手を引く方向へと一緒に歩き出した。

そのまま幾つかの辻を曲がり、更に暫く歩くと、前方に四方を垣根に囲まれた、納屋を持った大きな平屋建ての一軒家が見えてきた。Tさんの自宅は某県の郊外に位置しているが、その周辺でも珍しいくらいの古めかしい家屋だ。

恐らく、昔は農家を営んでいたのであろう。

門と垣根の隙間から覗き込むと、庭にはたくさんの木々や草花が植えてあり、花が咲き乱れていて、手入れがよく行き届いている印象だ。

「ここが、どうかしたの？」

すると彼女の脳裏に、突然、奇妙なイメージが割り込んできた。

——外から見える納屋の脇に、紫陽花《あじさい》が植えられている。

それはとてもとても大きな株で、枝葉を大きく広げ、あちこちに色とりどりの立派な花を付け、実に見事な佇まいだった。

だがよく見ると、どことなく元気がない感じがする。

すぐ隣にある古びた納屋。

雑多に押し込められた造園道具や農機具の数々。

それらの奥に四角い缶がある。

納屋は雨漏りがしていた。

ぽたぽたと漏れ伝わる雨水がその缶の上に滴り落ち、底が錆びて穴が開き、中身が滲み出している。乳白色の油ぎった液体。

液体はじんわりと地面に沁み込み、雨が降る度にゆっくりと地面に沁み込んで、その土を介して周囲の植物を浸食し始める。やがて小屋の周囲の雑草が枯れ始め、その影響は、大きな紫陽花の咲き乱れる地面の辺りにまで来た——

はっと弾かれたように自分を取り戻したTさんは、目の前の愛らしい男の子が漸く「人ではないこと」に気が付いた。

「あなた、私にあの納屋の中にあるものを、何とかしてほしいの？」

男の子がこくりと頷く。

そうは言われたものの、Tさんは困り果ててしまった。

この家の呼び鈴を鳴らして、いきなり「人じゃない坊やから聞いたんですが、お宅の庭に植えてある紫陽花が、納屋の中から洩れ出ている変な液体で困っています」などと伝えても、変な子がやって来たと思われて、追い返されてしまうのは目に見えている。

そのまま暫くの間、自転車のハンドルを握りながら、門の前でどうしようかと思案していると、やがてその家の住人らしい老人が歩いてきて、彼女を一瞥しながらこう言った。

「何だ、耕平の友達か？　あいつはまだ帰っておらんぞ？」

どうやら老人には高校生の孫がいる様子で、制服姿のTさんを、彼のクラスメイトと勘違いした様子である。

一瞬、返答に詰まったTさんだが、こちらを見上げる男の子の視線を察し、これは千載一遇のチャンスかもと切り替えて「まあ、そんな感じです」と笑顔を返した。

「もう暫くしたら帰ってくるだろうから、中で待ってな」

老人は疑うこともなく、からりと門戸を開いてTさんを促した。

彼女に続いて男の子も門を潜ったが、その姿はやはり見えていない様子である。敷地内は見て図れる通り、古風な農家の作りをしていて、中庭を中心に母屋と納屋に分かれ、Tさんと男の子は母屋の縁側に腰掛けた。

庭には様々な木々や草花が、綺麗に手入れをされて植えられている。そこを推し量る限りでは、あの老人は、決してずぼらな性格ではないと思われた。

縁側から、のどかな庭の風景を眺めていると、あの老人が、お茶と菓子を盆に載せて戻ってきた。

「……耕平の奴は、最近は野球ばかりに夢中になって、ちっとも勉強しようとせん。昔は可愛い子だったが、すっかり生意気になって、儂《わし》の言うことなど、ちいとも聞かなくなっちまってな。まあ、彼女ができるような齢にもなったのなら仕方がないのかもな。で、どうなんだい？あんたから見て、あいつはどんな感じなんだい？」

「え？　いやまあ、ごく普通の、感じのいい高校生の男の子ですよ」

何となく勘違いをされている風はあるのだが、むしろ好都合だ。出されたお茶を頂きながら、Tさんがぼろを出さないように話を合わせていると、老人は「そうか」と嬉しそうに頷いた。

（お爺さん、ごめんなさい！）

彼女が心の中で老人に謝っていると、隣に座っているあの男の子が拗ねたような表情でTさんの腕を引く。早く例の件を切り出してほしい様子である。

少し唐突なイメージはあったものの、Tさんは強引に話題を変えた。

「……お爺さん、あそこに植えてある紫陽花、とても見事ですね！」

「おお、あの紫陽花か」

老人はにっこりと微笑んで縁側から降りるとTさんを促した。二人は納屋の側にあるその大きな紫陽花の株を、改めて眺める。

「この紫陽花は儂が物心付いた頃からここに植えてあってな。梅雨時期になると、それは見事な花をたくさん咲かせるので、近所でも有名な紫陽花なんだ。今では紫陽花が名物になっている有名なお寺にも株分けしたこともあって、我が家の自慢でもあるんだが、今年は何だかちょいと元気がなくてな。葉先が枯れてしまっているのも目立って、心配していたところなんだ……」

(そうか、このお爺さんも、何気に気付いていたのか)

彼女が得心していると、男の子が再び腕を引っ張る。

「お爺さん、ひょっとして、そこの納屋の中に鉄の箱みたいなのがあって、そこから何か流れ出てませんか？」

老人はぎょっとしたような表情を作って「そんな馬鹿なことが……」と呟きながら納屋の戸を開いた。中は床のない土間になっていて、使われなくなった農具や、雑多なものが詰め込まれた木箱や段ボールで一杯であったが、あの男の子が「ここ」と言わんばかりにある場所を指差した。

「ここに何かありませんか？」

彼女の指摘に老人が箱や荷物をどかすと、奥の方に木箱が現れた。

その木箱には、屋根からの雨漏りが滴った跡があり、中にはぼろぼろに錆び付いた鉄の缶が入っていて、外側にじっとりとした油染みが浮き出ている。その染みはじんわりと足元の地面にも染み込んでいた。

「天井の雨漏りを放っておいたからだな……」

「これは何ですか？」

「昔、農協から支給された農薬だ。使う当てもなかったのでここに仕舞い込んだままにしていて、今まで、すっかり忘れていた。そうか紫陽花が元気をなくしたのは、これのせいだったのか……」

老人は慌てて、錆びた一斗缶を箱から取り出し、納屋の隅にあったポリタンクに移し替えた。そして木箱のあった農薬の染み込んだ土をスコップで掘り起こして、別の場所から新しい土を持って来て地ならしをし直す。Tさんも老人からスコップを借りて土盛りや納屋の荷物整理を手伝った。

漸く作業がひと区切りして、二人は再び母屋の縁側に腰掛けた。

老人が再び麦茶を入れてくれる。

「なあ、お前さんはどうして、あの納屋のことが分かったんだ？」

「紫陽花が教えてくれたんです」

麦茶の入ったグラスを置いて彼女が答えると、

「そんな馬鹿なことが」と老人は微笑んだ。

「それじゃ、私、そろそろ帰りますね」

「耕平に会わなくてもいいのか？」

老人が慌てた様子で問い掛ける。

Tさんは縁側から立ち上がると「ごめんなさい！」と深く頭を垂れた。

老人はちょっと驚いた表情を浮かべたが、やがて察したかのように頷くと、

「そうか。そうだったな……」

老人はもう一度深く頷いて、にっこり微笑んだ。

「また来年、この紫陽花を見に来なさい」

老人は門の前までTさんを見送ってくれた。

傍らではあの男の子が、老人の上着の袖を掴みながら、一緒に手を振っている。

二人に頭を下げながら、彼女は自転車のペダルを踏み出し、紫陽花のある、その古い家を後にした。


翌年の梅雨時期。

Tさんがあの老人の家をこっそり覗きに行くと、納屋脇のあの大きな紫陽花は、すっかり元気を取り戻して、幾つもの大輪の花を咲かせていたそうである。

送り狼

本刊の姉妹書『現代雨月物語 物忌異談』の中に「魔物」と呼ばれるエピソードが掲載されている。

この話は筆者が、ある霊感の強い女性の元に体験談の聞き取りに訪れたところ、取材先のファミレスに、彼女に憑いていたと思われる「温泉宿の女将《おかみ》らしき魔物」が本当に姿を現してしまう話である。そして、途中の展開で、筆者が魔物除けの狼札を秩父三峯神社に取りに伺うシーンをさらりと描いたのだが、実はこのときの三峯探訪の際にも、筆者は奇妙な体験をしている。その為、あの狼札は「魔物」に対して、あれだけの霊験を顕したのかもしれないということを思ったので、良い機会であるから、この件にも触れてみたい。

再び、読まれた方からの忌憚なき意見を伺えればとも考える。

「女将らしき魔物の出現」に、体験者である主婦のS戸さんの身を案じた私が、当時はまだマイナーな存在であった、魔除けの狼札を取り扱う、秩父三峯神社に行く決意をしたのが、その年の十二月の第一週目だったと記憶している。

「魔物」事件が起きたのが十一月末の日曜であったからだ。と同時に、このときが三峯への二回目の探訪でもあった。

ものの本によれば、奥秩父周辺は、冬場は降雪が多いとされている。

しかし、昨今の地球温暖化の影響で東京では年内に雪の降る日など滅多になく、また当日の秩父市の予想最高気温は十五℃との予報でもあったので、さほど深い考えもなく、私は当時の愛車スカイラインR32を駆って奥秩父へと向かった。

ところが、いざ秩父市まで到着したとき、目の前が真っ暗になった。

武甲山《ぶこうさん》のある秩父市上空は薄日が差しているのだが、遠くに見える大滝村の方向にはどんよりと鉛色の雲が垂れ込め、聳《そび》える山々には雪が降り積もっている。

この気温で降雪など有り得ないだろうと高を括っていた私は、迂闊にもトランクからタイヤチェーンを降ろしてしまっていた。そして、当時使用していたこのR32型スカイラインは、僅か五センチの積雪でまっすぐ走れなくなるという、恐ろしい程、雪に弱い車でもあった。

（ここまで来たんだ。行ける所まで行ってみよう）

今でこそ奥秩父という場所に、ある程度の土地勘を得ているが、振り返るとこれはとんでもなく無謀な決断に思える。それほど当時の私は、S戸さんの元に現れた「魔物」に対して一刻を争うものを覚えていたのかもしれない。

「道の駅あらかわ」の看板を過ぎると、フロントガラスにまばらな雪が当たり始め、左右の道路には除けられた積雪が目立ってきた。

二瀬ダムの信号を越えた辺りで、既に道路は完全に積雪していて、通過した車の造った轍の部分だけが、辛うじて黒いアスファルトの肌を覗かせている。私はハンドルを慎重に操作してその部分をトレースし、神社まで続く十数キロの坂を上がり始めた。一般的な夏タイヤは、雪でタイヤが冷えると硬化を起こして路面への食い付きが著しく悪くなり、所謂スリップと呼ばれる状態を引き起こす。いかに慎重に運転したとはいえ、もう一度あれをやれと言われたら、今なら絶対にお断りである。それだけ二瀬ダムより三峯神社までの道は急カーブの連続なのだ。現在でも車でそこを通る度、背筋にぞくりとしたものが走る。

神社側から下ってきた車はたったの二台。そして後続車は一台もなく、現在の三峯の盛況ぶりを思うと考えられない状況だ。路面は辛うじて轍を覗かせているものの、雪足が強まったらあっという間に埋まってしまうだろう。

(駐車場に着いたら、ダッシュで社務所へ行ってダッシュで戻らないと、帰り道でコースアウトしかねないな……)

じわじわと路面の積雪が増えていく。車の速度を上げられない状態に苛つきながらも、辛うじて神社駐車場に辿り着いた。見渡せば雪の積もる敷地内に車は五台しかいない。恐らく神社職員の車両だけなのだろう。参道に繋がる階段を駆け上がり、三つ鳥居の下を早足で抜けると、目の前に巨大な朱塗りの随身門が見えた。

そこを通り抜けようとした刹那。

随身門の屋根にあった雪の左半分だけが、綺麗に落下してきた。

(危ない！)

飛び退いた私の眼前に、どんと音を立てて、大量の雪が崩れ落ちてきた。直撃していたら只では済まない量である。ヒヤリとしたものを感じながら、同時に不可解な疑問にも襲われた。

雪が止んだ訳でもなければ、気温が上がった訳でもない。それなのに、門を潜ろうとしたこの絶妙のタイミングで、こんな落雪が起こるなど有り得るのだろうか。

まるで誰かが意図して、随身門の屋根から落としたかのような。

（何かいる……）

頭上から物凄い圧を感じた。しかしこういう場合、多くはその方向を見ない方がいい。視線を向けてしまうと、こちらが察していることを相手に悟られてしまうからである。束の間、私は門の前で立ち尽くし、思考を巡らした。この落雪は警告なのか。ここは通ってはいけないのか。ここまで来て引き下がって帰るのかと。

「狼札」を取り扱っている社務所までは、あと十分足らずの距離なのだ。

一瞬の躊躇の後、警告らしき落雪を無視して、私は随身門を強行突破した。

門の上にいた「気配」が慌てふためくのが伝わる。

と、同時に、早足で抜けようとする私の足元に、参道の杉並木の枝に積もった雪塊が次々と落下してきた。「気配」はあっという間に私の頭上を飛び越して、また目の前にバサッと雪が落ちてくる。

（上を見ちゃ駄目だ）

私は自分にそう言い聞かせ、雪で滑らぬようにまた早足で歩き出す。本当は走り出したかったが、足元の積雪がそれを許さなかった。

またしても頭上の杉並木の枝の上を何かが飛んだ。目の前に三つの雪塊がどさどさと落ちてくる。無視してそのまま進む。

拝殿前の階段を上り、本来なら手水舎《ちょうずや》で両手を清めるのだが、冬の三峯は水が凍結するので、お清め用の小さな御幣が置いてある。それで両手を祓っていると、今度は手水舎の屋根に「どんっ」と重みのあるものが乗った。

四方に雪が舞い落ちる。間違いない。人外の何かがいる。

しかしもうそれに構っている暇はない。

ぐずぐずしていれば道路が雪に埋もれて、車が走行できなくなる。

威嚇する何者かを無視して、私は拝殿に向かうと賽銭を投げ入れ、拍手《かしわで》を打った。すると今度は拝殿右側の屋根の雪が落下して、大きな雪溜まりを造った。

(三峯の御眷属様だ……)

生きた心地がしなかった。東京のファミレス内で「魔物」が姿を見せたときも命の危険を感じたが、矢継ぎ早にこのような目に遭おうとは。

しかし、頭のどこかで、この社を頼ってきたのに、そこに属す者をいたずらに恐れるのは失礼という考えもあった。ともかく社務所は目の前だ。そこまで行けば人がいる。私は下腹に力を込めて動揺を抑え込んだ。

　社務所の中では、こんな天気に参拝者などいないと思われていたのか、数人の職員さん等が談笑していて、閉じていたガラス窓をコンコンとノックすると、全員がぎくりとした表情でこちらを向いた。

「狼札を頂きたいのですが」

　幽霊でも見たかのような、その職員等の慌てぶりが可笑《おか》しくて、それまでの緊張が一気に緩み、帰り掛けには、拝殿にもう一礼するだけの余裕が戻っていた。

　参道では気を引き締め直したが特に何も起こらず、呆気ないほどすんなり随身門まで辿り着けた。私は崩れた雪塊を横目で見ながら、拝殿の方角に再び一礼をした。そして振り向き様、今度は別の不可解さに襲われた。

　随身門から駐車場へと向かう道にはアスファルトが敷かれている。

　その上の積雪がやけに薄くなっていて、黒い地肌が顔を出している。どう考えてもそれは「溶けた」としか思えないのだが、それはおかしい。私が拝殿に向かうまで、雪は降っていた。それが、たかだか十二、三分で溶け始めるなど、有り得ないことなのだ。まさか、と思って早足で三つ鳥居を潜り、駐車場を見渡すと、帰り道すら危ぶまれた積雪が薄くなっている。これだったらノーチェーンでもよほど油断しない限り走行に差し障りがない。頭上にはまだ鉛色の雲が垂れ込めていたが、雪は止んでいる。

愛車のエンジンを掛けて駐車場を出ると、道路の積雪も薄くなり、轍の痕がここを走れと言わんばかりに、くっきりと浮かんでいた。ハンドルを介して、タイヤから路面のグリップが伝わってくる。この調子ならスピードさえ出し過ぎなければスリップの心配は無さそうだ。「狐につままれる」という言葉があるが、果たして「狼につままれる」ということはあるのだろうか。こうして私は無事に三峯から下山して「狼札」をS戸さんに手渡したという次第なのである。

後ほど、別用で三峯神社を訪れた際、ニホンオオカミに詳しいという、三峯宿坊のフロントの方とお話しする機会があり、先の出来事を切り出してみると「ああ、それは『送り狼』です。江戸時代の『耳嚢《みみぶくろ》』という本に、似たような話が載っていますよ」と、あっさり返されたのが、とても印象的だった。

ゲドウ

本書の姉妹刊『方違異談 現代雨月物語』に「黒蟠虫」というエピソードが掲載されている。現在はサーバー落ちして閉鎖されたオカルト系某サイトで、筆者が知り合ったT美さんという女性が遭遇した「妖物」に纏わる怪異談である。

今回、この「黒蟠虫」を読んでくださったMさんという読者の方から「自分も同じような体験をしているので、お話を提供したい」という申し出があり、再び貴重な体験談をお預かりすることとなった。良き機会とも言えるので、この場を借りて発表に踏み切りたいと思う次第である。

Mさんは現在、広島県で医療関係の仕事に就かれている。

以前は自衛隊の衛生科部門に所属していた経験もあるそうで、待ち合わせた赤羽にある商業施設のファミレスにやって来た彼の佇まいは、私よりも上背があり筋肉質で体格も良い。正に国を守る組織の一員だったという空気が前面に出ている人物で、一見して怪談異談とは無関係なイメージなのだが、そんなMさんの口から語られた怪異は、驚愕すべきものであった。

現在の逞しい姿からは推し量り辛いのだが、Mさんは幼い頃、呼吸器系疾患を持っていて、とても身体が弱かったそうである。

彼の生まれは広島県の沿岸に当たる都市部だそうなのだが、小学校二年生のときに療養を兼ねて、空気の良い県北部の母方の実家に身を寄せることとなった。

これまでの友人等と別れ、見知らぬ土地の学校へ通うという、転入生独特の心細さが伴いはしたが、その心配は杞憂に終わった。新天地の学校のクラスメイト達は「都市部から来た転校生」ということで、自分達の見知らぬ街の話を聞きたがり、彼を温かく迎え入れてくれたのである。

Mさんはホッと胸を撫で下ろした。

そうして間もなく、友人と呼べるクラスメイトもできたのだが、そのような彼の存在を、教室の中で、ただ一人快く思わない人間が存在した。

仮名称で、彼のことをAと呼ぶことにしておこう。

Aは体格が良く、勉強もスポーツもよくできて、家は資産家であり、地元の地域でもそこそこの大きな家に住んでいた。

ところが、クラスメイト等は彼と余り関わりを持とうとはせず、教室内でも孤立していて、一人でいることが多かったそうである。友人等と過ごす時間の中で、その理由は誰からともなくMさんの耳にも届いていた。


「Aの家は『ゲドウ持ち』なので、関わりを持たない方がいい」と。


ゲドウとは何だろうかとMさんは首を傾げた。

そんな彼が友人等に取り巻かれて談笑しているところを、Aは面白く無さそうな視線で見詰めていることが何度かあった。どうやらよそ者の転入生だというのに、クラスメイト等が、Mさんに親身にするのが面白くなかったらしい。

Mさんの方でも、自分がAによく思われていないと、ある程度自覚していた。

そして、彼が山間部のその町に転校してきた年の、最初の冬。

その日は朝から冷え込んで大雪が降り、Mさんは長靴を履いて学校に登校、ごく当たり前に一日の授業を終えた。

ところが下校時に靴箱を見ると、彼の長靴がなくなっている。

この雪の降り積もる最中、長靴無しでの帰宅は困難だ。事情を知ったクラスメイトや先生が彼の長靴の行方を捜していると、何故かそれは教室の掃除道具を収納してあるロッカーの中に隠されていた。

誰かの嫌がらせなのだろうか。

何はともあれ、これで家に帰れると昇降口で長靴に足を踏み入れたその刹那。

異様な感触がMさんの足裏に伝わった。

濡れ雑巾を踏み付けたような、ぐちゃりとした感覚。

慌てて長靴を脱いでひっくり返したが、特に何かが入っているような様子もない。靴下が少し濡れていたのでそのせいかと靴を履き直し、そのまま家へと戻った。


そして翌朝。

ふと気が付くと、足先に数か所、小さな噛み傷のようなものがある。

特に痛くも痒くもないものだったので、そのまま暫く放置していた。すると、その傷の数がどんどん増えて、膝下から踝《くるぶし》の辺りにまで広がっていた。

流石に気持ちが悪くなり、祖母に見せると「何だろうね」と首を捻りながらオロナインを塗ってくれた。やがて二、三日すると正体不明の傷は消えてしまい、暫くは何もなかったのだが、春先を迎えた辺りで、Mさんは自身の足を見て仰天した。

あの小さな噛み傷のようなものが、足の付け根にまで広がっていたのである。

彼はズボンも穿かずに祖父母の元へと走り、驚いた二人は学校を休ませて彼を町の診療所へと連れていった。

ダニや虫にかぶれたのではという医師の診断で塗り薬を処方されたが、今回の例の小さな傷は全く退く気配を見せない。そして膿み崩れることこそなかったものの、ズキズキとした痛みが伴って、体育の授業等も見学することが多くなっていった。

そんなとき、祖父の古くからの友人のSさんという方が遊びにやって来た。

このSさんは、猟師や樵《きこり》のような仕事をしていて、以前は山岳修験の修行を積んだこともある、山や薬草の知識に長けた人物であった。

Mさんの祖父は、孫の足に現れた奇妙な傷のことをSさんに話し、何かこのような症状に効能のある薬草を知らないかと相談を持ち掛けた。

Sさんに呼ばれて足の傷を見せると、彼の顔色はみるみる変わった。

「これは『ゲドウ』だ。誰かに恨みを買った覚えはないか」

と尋ねてきたのである。

「黒蟠虫」の後半でも触れているのだが『ゲドウ』とは、島根県や広島県などの中国地方で広く知られている「憑き物」の名称で、所謂「憑き物筋」と言われる特殊な家系に使役される「使い魔」のような存在である。宮城県では管狐《くだぎつね》のことを『ゲドウ』と呼ぶ資料も残されていて、姿は灰色や斑模様の小さなイタチのような姿をしているとも、三ツ口の土竜《もぐら》に似た姿とも言われ「持ち筋」の人間の命令で他人に取り憑くことがある。伝承資料によれば若干の相違はあるものの、管狐やイズナとほぼ同種のものと考えて間違いなく、取り憑いた相手の体内や家系の間で七十五匹に増えるという。岐阜県では牛蒡種《ごぼうだね》と呼ばれ、やはり七十五匹の動物霊の集合体とも言われる。総じて恐ろしいまでに大食であり、取り憑いた人間や家系を最終的には「食い潰す」という点が共通している。

Sさんの問いに、Mさんはただ首を振るばかりであった。

幼かった彼には『ゲドウ』というものがよく分かっていなかったからである。

「今、何年生だ？」

その問い掛けに、三年生になったと彼が答えると、Sさんは苦虫を噛み潰したように表情を歪めた。

「すると、××屋（筆者注・屋号のこと）の孫がいるだろう？」

老人の問い掛けに彼が頷くと、

「あいつの家は『ゲドウ持ち』だ、この集落でそんなことができるのはあいつんとこだけだ。何とか手を打たんと、このままではこの子の足が腐れ落ちる……」

足が腐り落ちるという不吉な言葉を耳にしてMさんは怖くなり、その場で泣き出してしまった。

Sさんと祖父母は、真剣な面持ちで何かを相談している。

その会話の中に「お犬様を借りてこよう」という言葉が混じった。勿論幼かった頃のMさんには何のことだか分からない。

（犬？　借りてくる？　どういう意味？）

当時の彼には大人達の会話が全く理解できず、ただただ歩けなくなるのは嫌だ、この足を早く治してほしいと泣き叫んだ。

「分かった。何とかしてやるから、今日は学校は休んで、ウチで大人しくしていろ」

祖父とSさんは、彼を窘めるようにそう告げると、いそいそとどこかへ出掛けていった。Mさんはそのまま泣き疲れて寝てしまったのだが、お昼を少し回った頃、二人は出先から戻ってきた。Sさんが手にしていたのは、岡山県高梁市《たかはしし》に里宮を持つ木野山《きのやま》神社の御札であった。

この神社の祭神は素戔嗚命《すさのおのみこと》と大山祇神《おおやまつみ》。配神として高龗神《たかおかみ》と闇龗神《くらおかみ》を祀る。能の演目「鉄輪《かなわ》」で有名な京都の貴船神社や、関東では龍神の姿で現されることが多い高龗神・闇龗神であるが、この木野山神社の二神は狼の姿をしていると言われ、邪悪な存在に対して高い神徳を現し「狼の木野山様」として古来より親しまれている。明治初年にコレラ（虎列剌）が流行した折には、疫病退散の御神徳を求めて近隣諸国から参拝者が殺到し、御分霊の請待ちも相次いだと言われる。今日もこの木野山本宮の周辺には多くの分社が存在していることでの威光が図り知れる。

どうやらSさんは、この木野山の狼の御神徳に縋って、Mさんに憑いたと思われる『ゲドウ』を追い出そうと画策したようだった。

祖父とSさんは、その木野山神社から拝領してきたお札を神棚に供えると、拍手を打って手を合わせ、Mさんをその前に座らせると、彼にもその御札を拝んで力を貸して頂けるように頼めと促した。

子供心に何が起きているかはよく理解できていない。しかし自身の足に異常が起きているMさんは必死になって神棚に手を合わせた。

(どうかお願い致します、僕の足を治してください！)

すると、神棚の前で正座をしていた彼の両足に激痛が走った。

「痛いっ！」

その痛みの凄まじさに「痛い、痛い！」と悲鳴を上げながら祖父等の前で七転八倒したところで、Mさんの記憶は途切れている。

暫くして意識が戻ると、足の激痛は収まっており、足全体を覆い尽くしていた謎の噛み傷も

消えている。目を丸くしながら、彼が意識を失っているとき、どのようなことが起きていたのかを祖父に尋ねると、

「気を失っているお前の、足の爪の間から『白い線虫』のようなものが無数に現れて、ゲロゲロと蛙のような唸り声を上げながら、開いていた戸口から出て行った」という。

以降、不可解な足の噛み傷は現れることがなく、教室でも何も起こらなくなった。そのとき、木野山神社から借りてきた「狼札（?）」は返礼の塩と同時に神社に戻した。このときはMさんも祖父と一緒に木野山神社に同行して、拝殿前で神様にしっかりと御礼の気持ちを伝えたそうである。そして、小学校五年生のときにこの山あいの小学校から、再び広島市内の学校に転校をして、現在に至っている。


このMさんの体験談はツイッターのDM機能で大半を伺ったのだが、要所要所の場面にて前述の「黒蟠虫」で妖物に侵入された主人公の女性の体験に多くの共通点が見られ、目を通している私自身が戦慄してしまった。

Mさんに「呪詛」を仕掛けたとされるAの家系が「憑き物筋」と呼ばれていたこと。

木野山神社の御眷属の神威に恐れをなして、逃走した『ゲドウ』が、色の相違こそあれど、

長虫のような姿をしていたこと。「それ」が侵入先と思われる爪から逃げ出したこと。そして「それら」が、噛まれたMさんの体内で「増殖していた」と見られること。

また、こちらは別件で知ったのだが、関東圏の『クダ』や『オサキ』は取り憑いた相手から離れる際に「音」を放つと言われている。この『ゲドウ』という奇怪な憑き物は、Mさんの体内から出ていく際に「カエルのような鳴き声」を放っていたという部分が、正に伝承通りなのである。


Mさんは現在広島県にお住まいなのだが、この体験談を持ち込んでくれた時期はまだ東京に在住しており、詳しい話を聞くべく冒頭のシーンに繋がるのだが、このときの追加取材で、新たに三つの証言を得ることができた。

「『ゲドウ』を相手にけしかけるときは、呪う相手の持ち物の中に仕込むこと」

「『ゲドウ』は『タタラ』や『製鉄民』と呼ばれる渡来民族の手によって持ち込まれたと言われていること」

「『ゲドウ持ち』の家は、裕福ではあるが短命であること」

『方違異談』に登場した霊能者のT美さんが遭遇した「妖物」と、この広島のMさんが遭遇した『ゲドウ』についての共通点は大変に興味深い。

世の中には、まだまだ科学では説明できない、有り得ない現象や妖物の存在が、多々ある様子である。

緋袴

　狼信仰に関する話と言えば、少々ベクトルが異なるのだが、こんなものがある。

　「現代雨月物語」シリーズの体験提供者として、ほぼレギュラー化している塾講師のI君は、ある有名神社の神官系の血筋である。そんな理由で、彼の視るものは神仏・あやかし・幽霊と守備範囲が節操なく広い。

　ちょうどその時期、私は狼信仰に纏わる「御眷属様の目撃談・或いはそれに類する体験談」を集めていた。しかし通常の怪談話とは違って、非常に特殊なジャンルでもあるので、易々と見つかるものではない。

　ふとそんなとき、I君のことが思い浮かんだ。彼の自宅は狼信仰の中心である埼玉県の奥秩父や奥多摩の武蔵御嶽神社の信仰圏からはかなり外れているが、何しろジャンルの区別なくいろいろなものを目撃する彼である。どこか出先で「狼」らしきもの、或いはそれに準じたものを視ているかもしれない。淡い期待を寄せた私は彼宛てに「三峯や御嶽の御眷属様らしきものを視た経験はないか」という問い合わせのメールを送ってみた。

しかし、I君からの返信は素っ気ないものだった。

『すいません、流石に狼は視たことがないです。そもそもこの辺りでは三峯神社自体見掛けないですからね。御期待に添えられず申し訳ありません……』

携帯に届いた彼からの返信に目を通して、まあ、そんなもんだろうと深く掘り下げることもしなかったのだが、次の日の夕方、携帯のメールの着信を確認すると、再びI君からメールが届いている。

タイトル名は『前言撤回します』。

おや、と私は眉を顰めた。

以下は、彼から届いたメールを時系列順に直した内容となる。

――御眷属様目撃に関する私宛の返信メールを送信し終わったI君は、その晩ごく普通に家族と食事を取り、ごく普通に就寝した。

ところがその晩、とても奇妙な夢を見た。

彼は子供の頃、境内で遊んだことのあるO神社という社の前で、誰かを待ち受けていた。その相手は夢の中ではよく知っている人物だった筈なのだが、起きてみるとどうしても思い出せないのだという。

暫くすると、一の鳥居の方向から、その相手らしき人物が姿を現した。揺れる叢《くさむら》の陰から、真っ白な小袖と鮮やかな緋袴が見え隠れしている。

現れたのは、顔立ちの美しい、妙齢の巫女さんであった。

年齢は十七、八歳くらいだろうか。長い黒髪を丈長で束ね、清楚な印象が好ましい。

巫女さんは彼の目の前で立ち止まると、恭しく頭を垂れた。

I君の用件とは、どうやらその巫女さんをO神社に紹介しなければいけないらしく「どうぞ」と彼女を拝殿の方に促す。

このO神社というのは「延喜式神名帳」に「式内社」として記載される程の古社であり、拝殿も大きく立派なのだが、何故か神職の常駐しない無人の社である。I君に誘われた緋袴の巫女さんは、拝殿に向かって恭しく頭を垂れ、拍手を打ち終えると、今度は彼の方に向き直り、彼女が神社の左手側に掌を向けた。

「どうぞこちらへ」

いつの間にか役割が入れ替わっていることに驚いたが、緋袴の巫女さんはお構いなしに背中を向けて、I君を先導し始めた。

そちらには社務所のような建物があるのだが、何故かその扉は開いて、湯治場になっており、濛々と立ち上る湯気の中で、大勢の「あやかし」が湯船にゆったりと浸かっているのが見える。

驚いたI君が足を止めると、先を歩いていた巫女さんが、微笑みながらこちらを振り向く。

「こちらです」

慌てて彼が後に続くと、神社の裏手は小高い丘になっている。茂みの中から僅かに覗く獣道を、色鮮やかな緋袴が進んでいく。I君が息を切らしながら懸命に付いていくと、少々開けた場所に出た。そこには道祖神の碑があり、すぐ脇に奇妙なものがあった。立て札に茅を掛けて注連縄を張り巡らしたようなものだ。

美貌の巫女さんはその茅の掛けられた立て札を指差すと、こう告げた。

「彼等は、いつでも存在しています」

そこでI君は目が覚めた。

どうにも変な夢だった。目が覚めても印象がはっきり残っている。それにあのO神社は子供の頃に行っただけで、もう十数年も御無沙汰している場所だ。

幸いこの日は塾の講義が休みだったので、夢の内容が気になった彼は、父親の車を借りてO神社に足を運んでみることにした。

駐車スペースに車を駐めて、境内に立つ。

平日の無人の社はしんとしていて、誰もいないと思ったのだが、ふと見ると狛犬の陰に隠れてこちらを覗く、パステルカラーのパーカー姿が見える。

中学生くらいの女の子だ。

「やだぁ、見つかっちゃった」

女の子は愛らしい声で笑いながら身を翻して、境内から素早く走り去った。

一瞬だったので、容貌までは識別できない。

(何だあれ?)

平日の午前中に中学生の女の子が、こんな場所にいるのは変だとも思ったのだが、取りあえず気を取り直して、彼は神社の拝殿前に行って拍手を打った。

そして拝殿の左側へと回ってみたが、勿論夢で見たような社務所もなければ、小高い丘もなく、社の森を抜けると、目の前には見えたのは、耕された畑とごく普通の住宅地、そしてアスファルトで舗装された道路である。

（まあ、そんなもんだよな……）

微かな落胆を覚えながらも、方向感覚を頼りにあの巫女さんが歩いたであろう道を辿ってみる。しかし視界に見えるのは、何の変哲もない住宅ばかり。流石にもういいだろうと神社の方角へと戻り掛けたI君は目を剥いた。

住宅地のど真ん中に、あの「道祖神」と「茅の立て札」があったのである。

（えぇー？）

驚いたI君はその二つを写メに撮ると、大急ぎで自宅に戻り、正体を調べようとPCを立ち上げた。

「それが驚いたことに〈三峯社〉だったんですよ。しかも県内で幾つもない、〈三峯の御小屋掛け〉という、古式の祀り方をしている三峯社だったんです」

ネット検索でそれらの記事がヒットしたとき、I君は呆然としたそうである。

因みに同じ位置にある道祖神は、三峯社とは直接の関連はなく、近くに解説看板もないので知らない人間が見たら、それが三峯社だとは分からない。

夢の巫女さんの言葉を思い出して、I君は背筋が寒くなった。

しかも、話はそこで終わらなかった。

午後から所用で市内に出向いた彼は、近道をしようと思って繁華街の中心にあるSという神社の境内を横切ったとき、それが視界に飛び込んできたそうである。


『三峯神社』の文字。

その神社の境内は、周辺に用事があるときはいつも横切っている。何故、あの「三峯の御小屋掛け」を発見した日に、それに気付いてしまったのだろう。しかもその後に「もしや」と考えて立ち寄った馴染みのF神社にも「三峯社」があった。しかもその社は、参道のすぐ脇に鎮座していたという。

『結局、籠さんの問い合わせに「知らない」と答えた翌日、地元の三峯社に三つも遭遇しちゃって。三峯社はなかったのではなく、単に自分が注意を払っていなかっただけ、と思い知らされまして……』


後日、私はI君の案内で、件の三峯社に案内してもらった。

そこは確かに住宅街のど真ん中で、先のO神社からは二百メートル程離れていて、近くには解説看板も何もない。勿論神社にもその場所に関する記載はなく、彼に言われていなければ、私でもこれを「三峯社」だと判断することは不可能だと判断した。すると、彼の夢に現れて三峯社の存在を教えた「緋袴の巫女さん」とは、どういう存在なのだろうか？

彼女が何者なのかは、I君にも心当たりがないそうである。

置物

これはI君の祖母が亡くなったときの話である。

元々彼の祖母は、祖父とともに別の家で暮らしていた。

ところが祖父が亡くなり、老いた祖母が一人でいるのは危なっかしいということで、I君の実家で生活を共にするようになった。したがって祖父と祖母の住んでいた家は空き家となっていたが、そのままでは家が傷むので、時折I君や彼の家族が様子を見に行って、換気や手入れなどを行っていた。

ところがその祖母も亡くなったので、完全な空き家と化したその家に、彼の父親が遺品整理に出向いていた。そして、神棚の端に埃を被って飾られていた「ある品物」を、嬉しそうに持ち帰ってきたのである。

それは、けばけばしい金色のメッキが施された、大きさ二十センチ程の、ある動物の陶器の置物であった。どうやら通販で購入したものらしく、ある神社で祈祷を施され力を封入されているとあり、金運・財運アップに絶大な御利益があるものだという。

父親はホクホク顔でそれを持ち帰ってくると、居間に飾った。

ところがI君はそれをひと目見るなり「よくないもの」と思ったそうなのである。

まず顔付きが、どこか嫌らしい。

そして手に取ると、掌がじわじわと冷えてきて「霊的によくないもの」だと分かる。まるで置物が、身体の生気を吸い取っているかのようだ。

こんなものを家に入れちゃ駄目だと父親を諌めたのだが「俺が気に入っている」「母親の形見分けだ」の一点張りで、全く聞き入れようとしない。万事に於いて控えめなI君にしてはかなり強く食い下がったのだが、父親はまるでその置物に魅入られたかのように意見を曲げず、何度も喧嘩になったそうである。

このままでは家庭不和に発展しそうだと考えたI君は、強行突破を決意した。父親が留守のときに置物を勝手に持ち出し、処分してしまおうと考えたのである。

朝方、父親が出掛けたのを見計らって置物を持ち出し、新聞紙に包み、ポリ袋に入れると、裏庭に回って用意した金槌を振り降ろした。

刹那。

置物は、邪魔者を道連れにするかの如く、袋の中で爆発した。

手榴弾さながらに、陶器の破片が包んだ新聞紙と袋を突き破って四方に飛び散り、危うく大怪我をするところだったそうである。

慌てた彼がその置物の販売元をネットで調べてみると、神社と名乗ってはいるが、やはり実体がよく分からない、新興宗教のような団体であることが判明した。


「籠さんの周りでもし見掛けたら、速攻で棄てるようお勧めしてください」


その置物には、一体何が封入されていたのだろうか。

このようなシロモノが、ネット上でごく普通に流通販売されているということに、私は驚きと不安を隠し得ないでいる。

現役

これは、私自身の取材先での体験談である。

某人気心霊コミックの登場人物ではないのだが、I君の家系はある有名な神社の神官の血筋に当たる。その為なのか、彼が幽霊のみでなく、神仏やあやかし等の不可思議なものを見てしまうのはこれまでの著書でも発表済みなのだが、実は彼の元に採話に訪れるときは、必ずお互いの気になっている神社やパワスポと呼ばれている場所を、一緒に見て回るのがセットになっている。

私は以前、肝試しと称して心霊スポットを訪れたら、見事に「お持ち帰り」をしてしまった黒歴史を持っているので、怪談綴りという身の上にも拘らず、基本的に心霊スポットには出向かない。そういう訳で、心霊体験談については本当に提供者頼みの状態なのだが、このI君は先の理由で、心霊スポットではなくても、とにかく様々なものを目撃してしまう。彼の立場からすれば「視て」しまったものをその場で語れる私という存在はカウンセラーのようなものらしく、ストレスフリーになれるらしい。とにかくお互いに有益で波長が合う為、顔を合わせれば寺社やらパワスポやらへ出赴くことが多い。

このときは、確か二〇一七年の四月だったと思う。

私は姉妹書『方違異談』に掲載された「約束」という挿話の空気感を掴む為に、飯綱《いづな》信仰のお膝元である、信州戸隠奥宮のフィールドワークを計画し、同行者として彼に声を掛けた。下種《げす》な話ではあるが、調査ついでに彼がそこで何かを視て、裏が取れれば万歳三唱である。そして彼自身もそういうことが嫌いではない。

この予定を親しい知人に打ち明けると「戸隠に行くのなら、見に行ってほしい場所がある」という依頼を受けた。何でもその方が気圧されて、二の足を踏んで入れなかった神社があるので、そこがどういう場所なのか調べてほしいと言うのだ。

現場に向かう途中、I君にこの話をすると「へえ、面白そうですね」とのこと。意見が一致したので戸隠奥宮の後に、立ち寄ることに決まった。

さて、現場に到着して、雪の残る全長四キロの参道を歩き、頭上に山頂を覗かせる戸隠の奥宮に辿り着いたが、いざ社殿を目の前にすると、思いのほか手応えを感じない。

「何か、お留守って感じですね」

Ｉ君も同意見だったので、理由は不明だが、今こちらのお社の神様は席を外しているのだろうと結論付け、奥宮の一段下にある九頭龍《くずりゅう》神社に向かった。

この九頭龍神社は、現在戸隠の奥宮に祀られている天手力雄命《あまのたぢからおのみこと》が鎮座するまでは地主神として祀られていた存在なのだが、戸隠周辺は冬になると三メートルを超える積雪があるので、周囲を衝立のような分厚い木板で覆い、拝殿が雪に埋もれてしまわないような工夫がされている。

したがって、囲いの中は明かりが乏しく、薄暗い。

私がそこに足を踏み入れると、密度を持った重い気配とともに、腕捲りをしていた両腕の鳥肌が一気に立った。先の奥宮とは比較にならない存在感。

「うわ、凄いね、ここ……」

賽銭を入れて拍手を打ち振り向くと、Ｉ君は祭壇の方を食い入るように見ている。どうしたのかと思っていると、後から初老の御夫婦が参拝に入ってきた。衝立に仕切られた内側の面積はそれほど広くないので、入れ違いに外に出ると、

「今、祭壇に神職さんいましたか？」

「いや、誰もいなかったけど。だって拝殿内、ほぼ真っ暗だったでしょ？」

固まった表情で彼が語るには、私に続いて中に足を踏み込んだI君は、祭壇の右側に立っている人物と目が合ったのだという。

神職のような出で立ちの、壮年の男性だったそうである。

ただし、その装束は「白」ではなく「真っ黒（束帯）」だったそうだ。そこへ私が「凄いね」と声を掛けたので（籠さんにも視えてるのか）と思ったら、後ろに先の老夫婦が付いたので、外で話そうと思ったそうだ。

えっ？　と思ってもう一度確認に戻ろうとすると、折り悪く夫婦連れと入れ違いに五人連れの若い女性グループが入っていくところだった。そのまま二、三分待ったが、女性等はあれこれとお喋りに興じていて出てこないので、先の行程を考えて、再確認は諦めることにした。

「……確認できなかったけど、神職さんが中にいたら、今の彼女等、あんなにお喋りしてないと思うよ」

「そうですよね」

「あと黒い装束は、神職さんも特別な行事以外は着ないから。自分には視えなかったけど、入った瞬間、物凄い気配がしたから声を掛けたんだ……」

先の女性五人組はまだ盛り上がっている。駐車場まで再び四キロの参道を歩かなければいけない私とI君は、先を急ぐことにした。

戸隠奥宮を離れて、知人から依頼をされた「例の場所」に赴く。

駐車場に車を駐めると、そこは思っていたよりも市街地めいた場所だった。参拝者の姿も多く、鳥居の前では大学生らしい若い女性が、キャンバスを広げて境内を写生している。人里離れた場所を想像していた私は拍子抜けした。

「ここだよね。何か感じる？」

鳥居の前に立った私達は首を傾げた。両手の鳥肌が立つこともなく、先の九頭龍社のような威圧感は全く感じない。そしてセンサー役のI君もごく普通である。

「いや別に。見たところ普通ですよね」

二人で顔を見合わせながらふと見ると「宣澄社《せんちょうしゃ》」と書かれた案内板がある。私の住んでいる東京周辺では耳にしない名称だ。そこにはこう書かれていた

『……室町時代に戸隠で勢力を誇っていた二大勢力、天台宗と真言宗の間で大きな諍いがあり、

応仁二年二年（一四六八年）に真言宗僧侶等に暗殺されて憤死を遂げた天台宗の僧侶・東光坊宣澄を祀る社である……』

なるほど、聞き慣れない訳である。神社なのに僧侶が祀られているのは変わっていると思ったが、関東周辺の事情だけを鑑みて他を推し量るのは軽率だ。実際のところ、明治政府が施行した神仏分離の歴史より、神仏が一緒に祀られていた神仏混合の時間の方がずっと長い。

ともかく現地調査ということで鳥居を潜り、賽銭箱に小銭を入れ、正面の拝殿に拍手を打ってから、妙なことに気が付いた。

「ここ、扁額《へんがく》に諏訪社って書いてあるんだけど」

「あれ、ホントですね？」

何か間違ったかなともう一度鳥居の外に引き返したが、やはり案内看板には「宣澄社」と書いてある。幾ら何でも謀殺された坊さんと諏訪社では「モノ」が違い過ぎるのではないか？

「看板が間違っているのかな？」

私が拝殿の前で首を傾げていると「籠さん、こっちですよ、宣澄社」とI君が声を掛けてきた。それは諏訪社のずっと横に位置している「祠」と言っても差し支えない程の小さな社だった。

「えっ?」

しかも社は正面が諏訪社に向いている。通常「社」というものは、スペースによほどの事情がなければ、末社も摂社も同じ方向を向いているものである。

「何だって、こんな変な作りをしているんだ?」

祠と境内を見渡しながら、思わず声が洩れる。

そのとき、もう一つの妙なことに気が付いた。境内が妙に「暑い」のだ。季節は四月中旬とはいえ、長野県と新潟県の県境である。戸隠の参道など、両脇にかなりの量の雪が残っていたくらいなのだ。

ふと視線を上げると、周囲の風景が陽炎《かげろう》のようにゆらゆらと揺らいでいる。まるで炎に焙《あぶ》られているかのようだ。

(何だ、ここ?)

そう思った刹那、I君からも声が掛かった。

「籠さん、ここ、何だか焦げ臭くないですか?」

思わず鼻をひくつかせたが、彼の言う「焦げ臭さ」は私には分からなかった。しかし、互いの感知していることには妙な共通項がある。引き揚げ時だ。いたずらにこれ以上留まって、社側から更なるちょっかいを出されては困ってしまう。

私は何げない素振りでI君を促し、その不可思議な社を後にした。


探索解散の直前、I君の自宅近くのファミレスで、いつものミーティングを行う。メインは戸隠の九頭龍社で彼が「視た」という黒い装束の人物の正体についてだったが、私が感じた社の威圧感と、彼が目撃した男性の風体から判断して「九頭龍権現」ではないかと意見が纏まった。地域伝承によれば九頭龍権現は、先にも述べた通り、天孫系の天手力雄命にその座を譲ったとされているのだが、時々このような奇妙な「事実」にぶつかることがある。勿論、そこには歴史的な考証や物証など存在しないのだが「面白いよね」とその日の収穫内容を語り合うのも、こういった活動の楽しみの一つなのだ。

「ところで、帰りに寄った「社」のことなんですけど……」

戸隠の聞き取りがひと区切りしたところで、I君が切り出した。

彼は、自分の感じた「焦げ臭い感覚」を告げたにも拘らず、私があっさりと引き揚げたことを疑問に感じている様子だった。

「いや実は……」という感じで、私は自身が感じた「風景の揺らぎ」を伝えて、余りその場で詮索するのは拙いと判断したとの旨を告げた。

「いやほら、諏訪社って龍神でしょ？　所謂「水神」系だよね。それにあのでかい社の横に小さな祠みたいなのをお祀りしてるって、何か「火」を「水」で塞いでいるみたいな……」

しっ、とI君が唇に人差し指を当てる。

「今何か『焦げ臭い』です」

彼は周囲を見回してから、小さく呟いた。

「近くにいるかもなので、取りあえず止めましょう、その話……」

心中、私は驚いていた。私達のいたそのファミレスは「例の社」から、直線距離で百キロ以上も離れていた場所だったからだ。

戸隠から戻って暫くの間、私はI君と入ったファミレスでの怪現象の件が引っ掛かり「宣澄」なる僧侶のことについて、詳しく調べていた。

すると多くのネット記事が、真言宗僧侶等の手によって「憤死した」「誅殺された」の表現で終わっているのだが、その中の幾つかには、宣澄阿闍梨《あじゃり》が謀殺されたあとの後日談も記載されていた。それによれば、戸隠連峰の怪無山《けなしやま》に葬られた宣澄の霊は、嘴《くちばし》と翼と鉤爪《かぎづめ》を持った怨霊と化して祟りを為し、口から炎を巻き上げ、自らを謀殺した真言宗僧侶等を寺院ごと焼き尽くしたとされる。

つまり、あの社は「御霊信仰の社」だったのだ。

「飯綱権現の法か……」

飯綱権現とは、戸隠山の隣に位置する飯綱山の山岳信仰を発祥とする神仏習合の神で、日本でも第三位の位階に就く大天狗であり、紅蓮の炎を纏う鴉《からす》天狗の姿で表される。この飯綱山の飯綱権現に関しての最古の資料は室町時代に編纂された「戸隠山顕光寺流記」という書物であり、そこにはこんな一文が掲載されている。

「吾（飯綱権現）は是れ、日本第三の天狗なり。願わくは此の山（戸隠山）の傍らに侍し、権現（九頭龍権現）の慈風に当たりて三熱の苦を脱するを得ん。須《すべから》く仁祠の玉台に列するべし。当山の鎮守と為らん」

要約すると、飯綱山の飯綱権現は、戸隠の九頭龍神の元で修行を修めたいと願い出たという意味になる訳で、これに沿った見方をすれば、天台系である戸隠修験の指導者を謀殺した真言宗僧侶等は造反者となり、飯綱山の飯綱権現が宣澄の復讐に力を貸したとも言える。すると、私とI君があの社で感じ取った熱さと陽炎の揺らぎ、そして焦げ臭さの正体とは……。

肉眼で視ることこそなかったが、戸隠山で九頭龍権現に拝謁してから宣澄社に赴いたのは、ある意味正解だったのかもしれない。

この出来事を依頼者である知人に報告すると、

「ああ。やっぱりあそこ「現役」なんですね」という、あっさりとした返信が返ってきた。

後日談

未だ現役の怪異談と言えば、こんなものもある。

やはり「現代雨月物語」シリーズの『方違異談』に掲載された伝染系怪談「カレーの中辛」「坑の中」の、後日談的なエピソードである。

「カレーの中辛」は、竹書房主催の「怪談マンスリーコンテスト」で佳作を頂戴した作品で、私個人が実話怪談本を読み漁っている際に、ある著書の中で「この話を読むと幽霊が出る」という警告文のある怪談に遭遇、実際にそれを読んで怪奇体験に見舞われてしまい、その触りを知己の集まる怪談会で披露しようとしたところ、そこでもまた怪異が起きてしまったという話である。

その過程で、この話をコミック化したいという漫画家さんが現れるのだが、やはりこちらにも何かが起きた様子で、結局のところ前編のみの発表となり、掲載が打ち切られた経緯を挟み込んである。

実はこの回のコンテスト審査の際「この漫画は何という雑誌の、どういうタイトルだったのか」ということが編集部で話題になったのだと担当の編集さんが『方違異談』執筆の打ち合わせメール文の中で教えてくれた。

一応、実話を基にしているのが実話怪談である以上、創作でないという、ある程度のソースを提示するのも責務かなと思った私は、編集さんにそれをお見せしようとコミック化の際に頂いた絵コンテのデータをPC内で探してみたが、肝心の記録したファイルが見当たらない。

仕方がないのでそのときは「～という雑誌のこういうタイトルで掲載されました」程度に留めておいた。ところが二冊目の著書である『物忌異談』の執筆時に、このファイルがデスクトップの隅にひょっこり現れたのである。

絵コンテのデータも無事に残っていたので、打ち合わせメールをやりとりする際「『方違異談』に掲載された、例の漫画の絵コンテ見つかりましたので、添付データに一緒に貼り付けておきます」と何の気なしに送信を行った。

とはいえ「カレーの中辛」の怪異は「全貌を知ろうとすると何かが起こる」という触れ込みのものである。竹書房編集部に「それ」が起きてしまったら私自身が困ってしまうので、画面だけでは内容を知りえないだろうと思えるカットを「七つ」ピックアップして、添付データとして送信した。

ところが、いつも素早い対応をしてくれる担当の編集さんが、そのときに限って妙に返信が遅い。どうしたのかなと思っていると、五日程間を於いて、漸くメールが戻ってきたのだが、それを開いた私は目を剝いた。

文面の切り出しは「怪異が起こったかもしれません」

何でも担当編集さんの弁によると、今回の私から送信された『物忌異談』に関する、正規の打ち合わせメールの他に、私のPCアドレスから送信された解読不能の「謎の文字化けメール」が「七通」届いていたそうなのである。

しかも、添付した「例の話」の画像データの方は、七枚中五枚が「開けなかった」とのこと。

慌てて私のPCの送信履歴を確認したが、こちらには編集さんに宛てたメール履歴は一通しかない。

これは、一体どういうことなのか。七つの文字化けメールの正体は何なのか。

(あんな欠片みたいな部分で、障りを引き起こすのか……)

自身で纏めた話ながら、戦慄を禁じ得なかった。

再びデータの送信を行って、竹書房編集部に障りが起こり、機能停止に陥ってしまったら、私が他の怪談作家さん等から袋叩きにされかねないので、この話に言及するのは打ち切りにしましょうと、担当さん宛ての返信メールに書き綴ったのは言うまでもない。

また「ゲドウ」のエピソードに登場した医療従事者のMさんからも、本命の話を伺う前に、こんな話をしてくれた。

Mさんはその日、品川方面に用があって、京浜急行に乗車していてた。そのとき、たまたま持っていた『方違異談』の最終章「坑の中」を読もうとページを捲り掛けた。すると彼の座席の正面に座っていた、派手目の出で立ちをしたおばちゃんが、突然ぼそりと、こう呟いたそうである。

「それはやめた方がいいよ」

平日で車内は空いており、車両にはMさんとそのおばさんしかいなかった。

そんな理由でMさんは「坑の中」はまだ未読だと私に告げたのである。

彼の話もまた、未だ現役であるということになりそうだ。

姫御前

「七福神の社・敬神」に登場する、神獣画家のN川さんと、そのお母様から拝領した話である。

今から十五年程前の、秋口のこと。

N川さんの一家は、父方の祖父の三回忌で、山梨県の大月にある某寺に車で墓参りに向かった。僧侶の読経とともに法要は無事に終わり、車に乗り込んで中央高速で東京への帰途に就いている最中に、それは起こった。

N川さんのお父様がハンドルを握り、助手席にはお母様、彼女と弟さんが後ろの座席に座って、他愛のない会話で盛り上がっていたが、突然お母様が押し黙った。

その唐突さにN川さんが訝しんで「どうかしたの」と尋ねると、先ほどから、不可思議な女の人が語り掛けてきているのだという。

それは一家が車内で語らいをしているとき、唐突に始まったそうである。

突然、耳の奥にラジオをチューニングしているかのような、ザザザァッというノイズ音が聞こえたかと思うと、それに混じって「羨ましい、羨ましい……」と呟く女性の声が聞こえてきたのだ。

お母様の脳裏には、語り掛けてくるその女性の姿がくっきりと見えていた。長い黒髪を後ろで束ねた、綺麗な色合いの小袖を纏い、市女笠《いちめがさ》を被った美しい女性だった。装束的に、江戸時代より少し前の戦国時代のお姫様のイメージを抱いたそうである。勿論、運転しているお父様やN川さんと弟さんには、その姿も見えなければ、声が聞こえる訳でもない。

「何と言っているの？」と尋ねると、お母様は、彼女の言葉を代弁し始めた。

――今の女性達が羨ましい……。

生き方、生活、様々なものが、昔の自分の時代とは全く違う……。

昔の女性はどんなに位が高かろうと、女は男の思いのままでしか生きられなかった。どんなに美しい着物を着ていても、明日の命も分からない。運命を男達に握られていた。結婚は勿論自分の意志ではない。

そして不本意ながらも伴侶と心を通じ合わせ、子供を授かり、地位と居場所を得て、束の間の安らぎを得たとしても、それで終わりではない。戦や世の変化で、全てが砕かれ、打ち壊されてしまう、そんな世の中。


私の時代は、人々が思い思いの野心を抱き、覇を競い合って戦が絶えず、人々が大勢死んで、皆が悲しい思いをしていた。

愛しい伴侶や、お腹を痛めて産み落とした子供達とも、引き裂かれたり、理不尽に殺されてしまったり……。残酷というか、自身の感情が枯れてなくなってしまうかのような悲しい人生、悲しい世。

そこに比べて、今の女性は羨ましい……。

夫が近くにいて、子供等とともに平穏に暮らせて、何と羨ましいことか。

こんな当たり前のことが、当たり前に行える今の世というものが、とても素晴らしく、とても羨ましい。私達のような、名もなき昔の時代の女性の人生に、是非一度、心を向けてほしい。

私の時代を生きた、女性等の人生を顧みてほしい。

今の世が、平和な暮らしが、昔からそうだったと思わないでほしい。

私の生きた時代は、男等の戦話ばかりが讃えられ、栄誉ばかりが語り継がれるが、その裏側で、時代に翻弄された、多くの女性がいたことを忘れないでほしい……。

今の世に言われている程、綺麗なことばかりではなかったのだ。

今の世に生きる貴方と、同じ年頃の女性達が、その時代にどれ程過酷で、どれ程惨めな人生を送ってきたかを、どうか分かってほしい……。

そこまで語り終えると、女性のヴィジョンは消えてしまった。

「それ、どこから聞こえてきたの？」

「あの方角から」

N川さんが尋ねると、お母様は車の中で、左側の山の上を指差した。

岩殿山《いわどのさん》の方角だった。

それから、暫くしてのことである。

その年もN川さんは、父母とともに菩提寺へ法要に訪れた。

このお寺は、現在住職が存在せず、近くの寺の住職の兼務寺となっている。

この兼務住職が、法要の後、一家にこんな話題を口にした。

「……先日、テレビの大河ドラマ（NHK大河ドラマの「風林火山」のこと）の影響で、住職のいないこの寺に足を運んできた方がいたんですよ。何でもそのドラマに登場するある姫様の墓がこの寺にあるとかで、調べてやってきたとのことで。確かに昔の姫様の墓があるんですよ。ここがその姫様の菩提寺なんですよね……」

その話を耳にしたとき、N川さんの脳裏には、あの三回忌の帰りに、お母様が見たという「岩殿山の姫様」のヴィジョンと言葉が蘇った。

その墓は、N川家の墓へ向かう坂道の、少し手前の場所にちょこんと鎮座している、古びて苔生した五輪塔であった。

季節柄、墓の回りには野生の彼岸花が見事に咲き乱れていた。

その横を過ぎるとき、彼女はお母様へ声を掛けた。

「お母さん、さっきの御住職の話のお姫様って、昔お母さんが岩殿山から語り掛けられたっていうお姫様と同じ方じゃないかな？」

気になったN川さんとお母様が、自宅へ戻ってから詳しく調べてみると、件の墓に葬られた女性とは、戦国時代に信濃国・志賀城城主・笠原清繁の妻であったということが分かったそうである。

（著者注・ドラマ「風林火山」では美瑠姫という名前を与えられているが、これは飽くまで演出らしく、正式な記録に、この姫の名は残されていない）

笠原清繁は天文十六年、信濃国へと侵攻を開始した武田信玄に対して決起、信玄のライバルである上杉謙信の信を得て援軍を受け志賀城に立て籠もるも、頼みとしていた上杉勢が信玄の軍に奇襲を受けて全滅、志賀城は僅か二日で陥落し、清繁は憤死、資料によれば、その際に武田軍は乱取り（戦場での略奪行為）を行い、志賀城に籠もっていた家臣や女子供は生け捕りされ、奴隷として売買された記録が残っている。その奴隷の売買値段は、一人当たり二貫文から十貫文であった。

笠原清繁の妻は当時二十一歳、若くて美しい容貌の持ち主だったとされているが、戦功著しかった、信玄配下の武将・小山田信有に褒美として下げられた（一説によれば二十貫文で売買された）という。

一城主の正室であり、高い身分に就いていた笠原夫人が、戦勝品として、夫の敵である武田軍の武将に褒美として与えられてしまうなど、果たしてどれだけの恥辱であり、苦痛であったのか、現代人の感覚から測り知ることは、おおよそ不可能であろう。そして、戦国時代の華々しい歴史や逸話の陰には、このように熾烈で陰惨な出来事も、同時に数多く存在していたということも。

唯一の救いとなる点は、小山田信有の側室となったこの「姫御前」は、信有の死後、小山田家の家督を継いだ、弟信茂の手によって、件の寺に手厚く葬られたとされていることである。

この挿話を執筆するに当たり、物語の肉付けをする為に背景を調べていると、N川さんのお母様が中央高速の車内で、この大月の「姫御前」に語り掛けられたのが十五年前の二〇〇六年秋口、大河ドラマの「風林火山」の第一話放映が二〇〇七年一月七日という事実に気が付いた。つまりその時点まで志賀城城主・笠原繁清夫人の悲劇は、一般的に殆ど知られていなかったことになる。

また、「姫御前」の身請け先となった小山田信有の城が、大月の岩殿山にあったという事実も興味深い。この二つの観点から、私はこのN川さんとお母様から預かったこの話を事実と判断する結論に至った。

したがって、この体験談は、過去の実在の人物からの貴重なメッセージということで、本書に掲載することを決意した次第でもある。

時空の壁を越えて、激動の時代を生き抜いた、名すら残らぬ「姫御前」の、その言葉の中から、読者が生きていく指針というべき「何か」を拾い上げて頂ければ、執筆者冥利に尽きると私は考える。

八朔日の花嫁

怪談を追い求めていると、時に奇妙な事象に遭遇する。

これは私個人の感想なのだが、怪談書きが純粋に怪談を追い求めていれば、こういうことは必ず一つ二つ遭遇する事象なのではないかと姉妹書『物忌異談』の中でも述べている。逆の考え方をすれば、こういった経験がまだないと言う怪談書きの方は、話に好かれる素養が少ない、あちら側から好かれていないということなのかもしれない。

このパートで綴るのは、私の実話怪談に対する接し方を、根底から変えてしまったある体験談である。以前、他のレーベルでほんのりと触りを書いたことがあるのだが、今回はいよいよお許しが出た様子なのでフルバージョンで書いてみようと思い立った。最後までお付き合い願えれば幸いに思う。

二〇〇六年の春先のことである。

私は知り合いの女性から、ある用件で台東区の千束まで付き合ってもらえないかと頼まれた。その理由は、目的の場所が「吉原遊郭跡」の中に当たるからだと告げられた。この女性はとても霊感が強く、以前一人でその地域を訪れたら方向感覚を失ってしまい、道に迷ってしまったのだと私に説明した。

吉原遊郭とは、映画「吉原炎上」でも有名な、江戸幕府によって公認された遊郭である。元々は江戸日本橋（日本橋人形町）にあり、明暦の大火後、現在の日本堤に移転、前者を元吉原、後者を新吉原と呼んだ。敷地面積は二万坪余り。最盛期で数千人の遊女がいたという。江戸市中の中でも最大級の繁華街の位置付けであり、吉原と猿若町と日本橋が、江戸で一日に千両落ちる場所とも言われていた。

この吉原遊郭を栄えさせる為に、四隅に張られた結界が現在でも生きているのだと彼女は言う。だからこの内側で亡くなった遊女達は魂だけの存在になると方向感覚を失って、吉原から出ることができない。肉体は出られても、魂はずっと吉原で働き続ける。そして、そこを自由に出入りできる女性達を妬んで、障りを及ぼしてくるからだと告げられた訳である。

「女が幸せになれない場所なんだよね、あそこ」

そんな理由で私に同行を頼んだようなのだが、果たして車を運転していると、ある位置を境にフッと方向感覚が消えてしまって正直驚いた。吉原という土地に行ったのはこのときが初めてであったものの、周辺の浅草や三ノ輪へは何度も足を運んでいるので土地勘はあるつもりだった。それなのに現在の自身の居場所の見当が付かない。因みにこうした経験は過去に二回ある。「池袋四面塔」と「江古田の森公園」で、どちらも心霊スポットとして有名な場所だ。

「ねっ。言った通りでしょ？　もしも感覚だけの存在になったら、ここから出られないと思わない？」

助手席で彼女が苦笑いをする。遠くに隅田川の堤防と、その上を走る高速道路が見えるのに位置関係が全く掴めず、結局、用件を済ませてから吉原を抜けるまで、数回、車の方向変換を余儀なくされた。

露骨なまでに顕著な体験に、帰りの車内はこの話題で持ち切りとなった。

「あそこの中で亡くなった女達は、死んでしまっても出るに出られず、場所に縛られたまま、ずっと働き続けているんだろうね。そういう用途にしか使えない土地。ホント、こんなとこ一人では来られないわ」

助手席の窓越しに見えるソープランドの看板の連なりを眺めながら、彼女は吐き捨てるように呟いた。


彼女を送った後、自宅に戻った私は早速パソコンを立ち上げて、印象が薄れない内に、先ほど経験したばかりの出来事を記録しておこうと思い立った。自分が体験したあの方向を失う感覚と、彼女から聞いた話、資料を組み合わせれば、立派な実話怪談が一本できあがるのではないかと考えたからである。

ところが作業を始めて十五分もしない内に、突然強烈な眠気に襲われた。時計を見ればまだ午後二時である。変だなと思いつつも、睡魔の誘惑に抗しきれず、私はリビングの床にごろりと横になった。


夢の中で私は、一人の女性にきつい叱責を受けていた。

「縁（えにし）と書いて、縁（ゆかり）と読む」

そう名乗った着物姿の女性は、柳眉を逆立てながら捲し立てた。

「あんたはここでどういうことが起こったのか、それを分かっててやろうとしているのか？　覚悟もないのに『それ』をするなら、私が、お前の髷《まげ》を切り落とす」


そこで、はたと目が覚めた。


残っていた記憶は、燃え上がる吉原遊郭を眺めながら、泣き崩れている一人の女性の姿だった。彼女は吉原の女郎ではあったが、身請け先があり「生きては苦界、死しては浄閑寺」とまで言われた遊郭から運よく出ることができた。ただ彼女には遊郭内に妹のように可愛がっていた付き人がいて、別れ際にこの少女の身請けも約束し、その手続きに奔走していた矢先に、遊郭が大火に見舞われたらしい。

約束を守れなかった彼女は、亡くなった後もこの土地の周辺を彷徨《さまよ》いながら、あの新造の姿を追い求め彷徨っていた様子だった。

私は慌ててパソコンにキーワードを入力して、印象が色褪せぬ内に「髷を切る」という言葉を検索してみた。

すると、「髷を切る」とは江戸時代の女郎言葉で、浮気をした男性の髷を遊女達が切り落とし、周辺のお歯黒溝へと投げ込む私刑があったという記事が引っ掛かってきた。語源自体は戦国時代までに遡り「髷を切る」という言葉には「殺す」という意味合いすら含まれているらしく、実際、吉原の溝に投げ込まれた者の中には、そのまま溺れ死んでしまうケースもあったとネットには記載されていた。

胃の腑がすっと冷たくなる。自分の知らない江戸時代の女郎言葉が、どうして記憶に残っているというのだろうか。

どうやら触れてはいけないものに触れてしまったらしい。怪談を綴る者なら調子に乗り過ぎて、うっかり踏んでしまう地雷のようなものだが、今回のものは、ある意味途方もなく超巨大な地雷のようだった。

吉原遊郭三百四十年の歴史の中で、亡くなった遊女の数は記録に残っているだけで二万五千人。この凄まじい数字は私の心に重く圧し掛かった。

言い方を変えれば二万五千人分の怨念ということになる。

そんな巨大な数字の浄霊を行ったという話を、今現在を以てして私は知らない。

正直な話、途方に暮れた。そして、そのまま数日が経過した頃。

この頃はちょうど転職の時期も重なっていたのだが、たまたま職安から紹介された面接先の住所を見て目を剥いた。そこは吉原遊郭跡地の側だったのである。縁《ゆかり》というあの夢の女性の言葉が即座に蘇った。

場に呼ばれている。彼女は私の回答を求めているのだ。


『さあ、男らしく答えてみろ。半端な答えを出す気なら、私があんたの髷を切る（殺す）』


耳元でそんな声が聞こえた気がする。しかも面接を受けた会社からは、こちらさえ良ければ、明日からでも来てほしいとの即答が返ってきた。こんなことが本当に起こるのかと、最早畏怖を通り越して苦笑いしか出てこない。帰り掛けに、私は吉原を歩いてみた。前回の訪問の後に、吉原神社の奥宮に当たる吉原観音という場所が存在するのを確認していたからだ。

吉原観音は、かつて弁天池と言う弁財天が祀られていた池の跡地に建てられた、関東大震災と東京大空襲によって焼け死んだ遊女四百九十人を供養する目的で建てられた供養塔だ。だがその前に立ったとき、私は思わず後ずさりしてしまった。

何という険しい顔をした観音様なのだろう。

観音菩薩と言えば、柔和な表情をしていることは誰でも知っている。だがここに立つ観音像は下唇を噛み締めて固く口を閉じ、その眼差しは深い哀しみに暮れているようにしか見えなかったのである。その表情が、この場所で起こった悲惨な事実を物語っていた。あの縁と名乗った女性が私に対して怒りを覚えるのももっともだと頷かざるを得ない。慈悲の化身たる観音菩薩の慈愛を以てしてあの表情を刻ませる吉原の裏の顔。

二万五千に及ぶ女達の哀しみ。

なるほど、確かに興味本位で手を出す事案ではなかったようだ。

当初感じた「大ネタを引き当てた感覚」を恥じたのを言うまでもない。家に帰るまでに私の腹は決まっていた。面接を受けた会社に明日から伺わせてもらいますと電話を掛けると、翌日より行動を実行し始めた。

何のことはない。ただひたすら謝るだけである。降車駅から一番近い不動堂で線香を購入し、吉原観音に赴き、その香を焚いて経を唱えて彼女等の供養を願う。この行為を許してもらえるまで続けましょうと縁さんには願い出た。現在は空で唱えられる般若心経や観音菩薩延命十句等は、このとき覚えたものである。

ところが。

新しい職場に通い始め、毎朝吉原観音に手を合わせるようになってから、私の身体には奇妙な変調が現れ始めた。合掌を作る両手の掌が真っ赤に膨れ上がり、乾いて罅だらけとなった表皮からは血が滲み始めた。その症状はまるで炎に晒された「火傷」のように見えて、怪談に全く興味を持たない妻ですら「吉原に行くようになってから出始めたよね、それ」と顔を顰めた。不思議なことにこの「火傷」は合掌を作る掌の内側にだけ現れて、外側の皮膚は、全く無傷だった。

炎上する遊郭、襲い来る熱波、沸騰する弁天池の水。掌の皮膚が焼け爛れる原因の心当たりは幾らでもある。

これが普通の体験者の立場であったら「吉原の遊女達の呪い祟り」という感じで大騒ぎとなるのであろうが「ああ、ここで亡くなった方達は、こんなに熱くてきつい思いをしたんだな」と私は観音様の前で膨れた自らの掌を眺めながら、当たり前にそんなことを思っていた。

初めの数か月は、朝と仕事帰りの夕刻の二回、吉原観音に立ち寄って読経を行っていたが、この頃の吉原観音の境内は電燈もなく日が落ちれば真っ暗で、市街地の真ん中にあるにも拘らず、不気味な気配が満ち満ちていた。

またこの頃は、浅草六区にある「浅草ロック座」の従業員や女の子達が境内を掃除しているのと、月に何度か僧衣の女性が観音像の前で熱心な読経をしているのを除けば、私以外の参拝者に滅多に出くわすこともなかった。

ある朝、近所に住むと言う男性が「あなたはここで毎日何をしているのか？」と質問してきたことがある。吉原の遊女さん等にちょいとした関わりがありましてと説明すると、ここは幽霊が出ると言われて近所の人間でも近付かないのに、一体どういう方なのかと思っていたと感心されてしまった。

これほど有名なのに、近隣の方すら参拝にも訪れぬ場所、それがこの吉原観音なのだと、私は改めて思い知った。

観音像の険しい表情の原因は、まさしくそれではなかったのかと。

因みに月に何度か顔を合わす、先に述べた僧衣の女性はノンフィクション作家のＩ・Ｓさんだということを、現場を掃除していたホームレスの男性から耳にした。この方は私がこちらに出入りするようになる前から、ずっと熱心にこの吉原観音で供養を行われていたということである。

そんな出来事を経ている間に、いつしか私の吉原参りは、強いられて行うものではなく、毎日の日課と化していて、あの恐ろしい「髷切り」の一件など、すっかり脳裏から消え去っていた。

吉原観音に立ち寄るようになって、半年も経った頃だろうか。

自室で体験談を綴っていた私は、またしても強烈な眠気に襲われた。慌てて文章を保存しリビングに横たわると、そこで再び不可思議な夢を見たのである。

いつもの様に私は吉原観音の前にいるのだが、右側の植え込みの向こうに誰かが立ってこちらを見ている。真っ白な花嫁姿の女性だった。頭に被った角隠しのせいで顔半分は見えなかったが、通りのよい鼻筋と形のいい唇から、美形であることは容易に想像できる。

「縁さんだ」と直感的に思った刹那、彼女は頭を垂れて丁寧なお辞儀をした。

そこで目が覚めた。

以前夢に出てきたときと違って、ずっと静かで穏やかな佇まいだった。

ただ、その頃の私は既に彼女の怒りが恐ろしくて吉原観音に手を合わせていた訳ではなかったので、挨拶に来てくれたことに感謝すら覚えたのだが、あの花嫁姿はどういうことなのだろう。以前の夢の残り香では、縁さんには見受け先があり、そこに奥方として納まっていた筈なので、今更私の花嫁になろうとかいう考えでもあるまいと（何と楽天的なことを考えていたものか）思いつつ、しかし私の行いを良しと捉えてくれたことだけは、嬉しかったものである。

縁さんが花嫁姿で夢に現れてから一年半程すると、火膨れのように腫れ上がっていた私の両の掌から、徐々に腫れと赤みが引き始めた。

同時に吉原観音にも不可思議な兆候が現れ始めていた。

朝方、私より先に観音様にお参りしている方によく逢うようになった。

私の訪れる時間帯が変わった訳ではない。それなのに、備え付けの線香に火を点けて合掌を捧げる参拝者の姿が、次第に多くなっていったのである。

面白いものだと思っていると、次には常夜灯が備えられた。ある夕方参拝に訪れると、境内は電燈の光に明るく彩られ、以前のように足元が見えないと言う心配が全くなくなっていた。

やがて観音像前には椅子と座卓が供えられ、明るい内に訪れると、そこに寛いでいる方の姿を多く見るようになった。

そしてこの頃、私の掌はすっかり元に戻っていた。

かつて心霊スポットと恐れられた場所が、少しずつ近隣の人々の憩いの場へと変貌していくと同時に、掌の火傷が癒える様を見せられた私の驚きが、これを読んでいる読者の方達に伝わり切るだろうか。

浄化というのは、こういうことを指し示すものなのかもしれない。

誰かが、それのきっかけを作ることによって呼び水となり、やがて大きな信仰と供養の流れとなって場を清める。それがこの場所で起こったことなのかもしれない。

説教がましい話かもしれないが、この件を経てから、私は怪談を綴るときに神仏と信仰というものの絡みを無視できなくなった。人智の及ばぬ出来事が起こり、その原因が憑依や祟りだったと判明したとき、結局我々が最終的に縋るのは、文明や科学ではなく、こうした神仏の存在なのではないかと。

改めてこの物語を書き出すに当たり、現在の周辺事情がどうなっているかを確かめ、吉原神社と吉原観音を訪れると、何度も訪れた筈の吉原神社の境内の一角に、こんな文章が綴られているのを発見した。

『今日白無垢を着することは、元禄の頃江戸町一丁目巴屋源右衛門が家の高橋といへる太夫、其頃瘧を煩等いけるが、なじみの客来りしとき、打ふしいたりし白無垢の儘にて、揚屋入しける風情の艶なるに、万客思いをなやましけるが、これより移りて年々八朔に、白無垢を着ることになれりといえり』

謎は解けた。花嫁衣裳（白無垢）とは、太夫・花魁と呼ばれた位の高い女郎達が、馴染みの上客をもてなすときに着用する正装だったのである。

あのとき、縁さんは私に礼を述べるつもりで、正装を装ってくれたのだ。大きな胸のつかえが、すっと落ちた気分だった。そして心から思い知った。

ニーチェの言葉の通りに、彼等はこちらをじっと見詰めている。そして事と次第によっては大いに障る。怪談書きは出来事と言うものに畏怖と畏敬の念を込めて向き合わないと、とんでもない災厄を呼び寄せることがあるのだとも。

二〇一九年に発生した東日本大震災の折に、この吉原観音の境内も石灯籠や石垣が崩れる等の被害が出た。このときの被害の修復を兼ねて、東京美術大学の学生達が、殺伐としていた吉原観音の境内に仏絵を描き、彩色を施して、その雰囲気は驚くほど変貌した。かつて心霊スポットと恐れられた吉原神社奥宮の境内は、夜間でも参拝者が気軽に足を踏み入れられる、明るい色調の史跡へと生まれ変わっている。

私は現在でも、月に一度くらいのペースで吉原観音にお参りに伺う。

かつてこちらの境内に寝泊まりしていたホームレスの男性から「ここの観音様は夜中に泣いている」とまで言われていた観音像の表情は、心持ち柔らかく変わった。

そして吉原に軒を連ねていたソープランド店自体が、ここ十年間の間に周辺から少しずつ減り始め、住宅やマンションへと建て替えられるのを目にしながら、この吉原奥宮の変貌をきっかけに、冒頭で述べた、あの「女達を縛る結界」が崩れ始めているのかもしれないとも考えている。

縁さんは付き人として可愛がっていた、あの少女に逢えただろうか。

吉原神社奥宮の観音像に手を合わせていると、その傍らの植え込みから此方を見て頭を垂れた、あの『八朔日の花嫁』の美しい姿を、私はいつも思い出す。

継承試験

過去に私が所属していたオカルトSNSのユーザー、K・Uさんの話である。

K・Uさんは山梨県出身だが、彼の実家はなんと室町時代から続いている拝み屋の系譜なのだという。

その家は代々、ある神社の神主をしていたが、曾祖父の代（恐らく明治維新の頃）に宗教法人登録をしなかったので、現在は普通に農業を営んでいる。その為、本家のあちこちには神社の痕跡が残されており、裏山の中腹には奥宮がそのまま残っていて、本家の過去帳には、近隣の村々からお呼びが掛かって、そちら方面の案件で、お祓いだの封印だのを施していたことが記録として残っているそうである。

そんな家系に生まれたK・Uさんが、普段は立ち入りを禁止されている奥宮に一度だけ、立ち入れる機会があった。それはこの家の本家跡目相続の継承試験だった。

本来ならば本家を継いでいるK・Uさんの叔父の長男、彼にとっては従兄弟に当たる人物が家系を引き継ぐことに決まっていたのだが、K・Uさんもまた、この従兄弟に劣らぬくらいの見鬼（あやかしを見る力）に長けていたので、形式的にでもと親類縁者に押し上げられ、一緒にこの試験を受けることになった。

当日、彼と従兄弟は白装束に身を包み、裏山の中腹にある奥宮へと向かった。

従兄弟の手により社の扉の鍵が開けられて、K・Uさんは初めてこの奥宮が立ち入り禁止になっている理由を知った。

社の中に祭壇等はなく、人間一人が漸く入れるくらいの洞穴がある。

従兄弟が語るには、継承者の資格を得るには、この洞窟の中で一夜を過ごさなければいけないとのこと。ああ、巷でよく耳にする「お籠もり行事」のようなものなのだろうとK・Sさんは考えた。

先に従兄弟が洞穴に入り、彼は後に続いた。

そのとき、K・Uさんは奇妙な違和感に気が付いた。灯りなど一切存在しない洞穴の中で、何故か白装束の従兄弟の後ろ姿が、ぼんやりとではあるが肉眼で見えるということに。

やがて頭上が開けて、そこは奥行きの深い洞窟のようになっていた。

前を歩いていた従兄弟がその端で、突然立ち止まる。

(どうしたんだ?)

彼の肩越しに洞窟の奥を覗き込んだK・Uさんは目を剥いた。

洞窟の中央で、青く輝く巨大な「何か」が、間欠泉のように凄まじい勢いで噴き上げている。

まるで、生き物が呼吸をするかのように。

地面から噴き出す青い光は、途中で細かな粒子と化して、洞窟の天井へと染み込んでいる。

それが、大地から湧き出た「地の気」であることを悟った瞬間、K・Uさんは言い知れぬ恐怖を覚え、そこから出口へと一目散に駆け出していた。

「自分の唯一の「神との対峙経験」です」

その時点でK・Uさんの落第は確定した。彼が敵前逃亡を図った後も、従兄弟は洞窟から出てくることはなく、地の底から湧き出る重圧に耐え抜いたのである。

「……何と言えばいいんでしょうか。気迫負けと言うのが分かり易いかもしれません。テレビで気功の達人が芸人を気合いで倒すってのがあるでしょう?　あんな感じに近いです。圧に押されて、そこからもう踏み込めない。それどころか、後退するしかなかったんです。頼まれてもあんな凄いものの相手、自分にはできません。よく神社やお寺に行くと、空気が張り詰めていて背筋がピンとしませんか？　あんな洞窟の奥底や仏像の中に封印されていても、それらを通して周囲の空気感を変えてしまえる。「神」と呼ばれるものは、そういうことすらできるんです……」

余談ではあるが、彼の一族の退魔術式は一子相伝だそうで、幕末辺りまで継承試験に落ちた者は、本家裏手の井戸に投げ込まれて殺されるという決まりがあったそうだ。それが明治政府に政治が変わってから、野蛮なしきたりだということで取りやめになったそうである。

時代が変わってくれたおかげで助かりましたと、Ｋ・Ｕさんは結んでくれた。

道祖神祭（後）

〈御座立《おざた》てとは、神霊・人霊の口寄せのことを指す。御座（ござ・おざ・おまし）とは「天子・貴人の席」を指す言葉であり、神託を齎す神々の降りる神籬・依代を指し示す場合もある。御座立てには、そういった託宣の神の降りてくる場を用意するという意味も含まれ、御嶽《おんたけ》信仰の霊神碑《れいじんひ》前で行われる、御嶽講《みたけこう》の御座立てが一般的に有名である〉

（これは、関わってはいけない類の話じゃないのか……？）

その考えを脳裏に押し退けた刹那、身体が反射的に動いて、私は人々のざわめきとアナウンスの喧騒に包まれるホームを走り出していた。

そして乗車券の振り替え待ちを行っている人々の長い列を尻目に、東横線のホームまで全力疾走すると、運よくそこには綱島行きの下り電車が待機していた。慌てて車両へと駆け込むと、既に八割強の乗車率ではあったが、まだ大混雑という様相ではない。高津での人身事故が起きたのはまだ十分程前のことである。振り替え輸送やらでこの影響が周囲の路線に及んでくるのは、更に十数分後と判断したからだ。そして東横線は武蔵小杉で南武線と接続している。今なら事故の影響を受ける前に、溝の口へと滑り込める。

（早く閉まれ！）

まるでその意を汲んだかの如く、プシューという開閉音とともに、眼前で扉が閉まった。足元のモーター音とともに車両が走り出す。

良かった、これで大丈夫だ。ＪＲ南武線は振り替え輸送の路線と直接には接続していないので、まだ事故の影響や遅延は出ていない筈だ。再び携帯を開く。時刻から換算して十五分程度の遅れで済みそうだが、事故の影響で携帯会社のサーバーがパンクしたのか、Ｙさんと一緒に待ち合わせている妻に送信したメールは全然繋がらない。それでも取りあえずの安心を覚えた私は、車両戸口際の隅に身を預けて、さて、この先、何が待ち受けていると、深い溜め息を吐いた。

「ああっ、どうやって来たんですか？」

溝の口駅ビルの前で、途方に暮れたような表情を浮かべていたYさんが、手を振る私を見付けて驚いた表情を浮かべた。

「電車まだ全面ストップでしょ？　これじゃ絶対に来られないって、今Yちゃんと話してたんだよ」

田園都市線に繋がる連絡通路から溢れ出す、大勢の通勤客等の姿を指差しながら妻が呟いた。

「南武線から回ってきたから」

「えっ？　どうして？　あっちの路線使ったことあったっけ？」

「来てほしくないような、来てほしいような……」

嘘のような話だが、会話は上手く成立しなかった。これまで使用したことのない東横線渋谷ホームのヴィジョンを私に寄こしたのは誰なのか？

正直な感想を今振り返ってみれば「試されている」気がしていた。

私は現実に起きた不可思議な出来事を文章で再現しようとする怪談屋である。

だから、「道祖神祭」事件での不確定要素であるこの箇所が、余りにも小説的である意味「うま過ぎ」でもあり、別の表現に置き換えようとも思ったのだが、私自身の体験談である以上、この信じられない偶然の部分も、忠実に再現してみようと、今ここでトライしている。

Yさんが怪訝そうな目で私を見詰めた。呑気な妻と違って、霊感の強い彼女は、この突然の人身事故に関して、既に何かを察している様子だ。

「取りあえずは無事に辿り着けましたし、席の予約もしてあるみたいですから、夕食がてら、例のお話を聞かせてください。どうせ電車はあんな具合で、すぐには帰れないと思いますから」

私はできるだけ明るい口調でそう言うと、妻に目配せをして、座席を予約してくれたというイタリアンレストランへとYさんを誘ってもらった。

予約したコースの料理が一巡して、食後のコーヒーとデザートが出された頃、私は例のM神社に関する、一連の事件の聞き取りを開始した。そこから暫くの様子は「道祖神祭（前）」の部分とかなり重複するので割愛させてもらうことにする。

レストランで私達が案内された座席は店内中央のテーブルだったが、駅側に面した窓ガラスを通して、先に起きた高津の人身事故の喧騒が響いてくる。

「……二十四日・午後五時三十×分に高津駅で発生しました人身事故の関係で、現在東急田園都市線は全面ストップをしております。なお、この事故の影響により東急大井町線・東横線・JR南武線も現在ダイヤが大幅に乱れ、復旧の見込みは立っておりません……」

ある意味、いつものことではあるのだが、心中「またか」という感じも否めなかった。と言うのは、竹書房から発売されているこの「現代雨月物語」シリーズも本作で三冊目となるので、通読されている方はお気付きであろうが、業界で所謂「大ネタ」と呼ばれるものに遭遇し、その採話に出向いた場合、かなりの高確率で「変事」が伴うのだ。そして一介の、単なる怪談綴りに過ぎない私が、体験者共々事件の当事者となってしまって、怪異に巻き込まれるという図式になってしまう。

結果「信じられない内容だが、この話は本物だ」という手応えを得る訳でもあるのだが、自分では、余り褒められたことではないと考えてもいる。

そういう意味合いでの「またか」なのではあるが。この「実話系」というジャンルは一体どういうシロモノなのだと戸惑いを感じる瞬間でもある。

取りあえずYさんと「道祖神祭（前）」に記したような、一連の話の流れを確認してから、私は彼女のメール文面だけでは判然としない部分に対して質問を始めた。

まずM神社の正式名とその所在地を伺う。ひょっとしたら、私の知っている「曰く付きの社」と被っているかもしれないと踏んだのだが、M神社の所在地は、それらとは全く違っていた。

「神社に神様がいないって、どういうことなんでしょう？」

メールを貰ってから、ずっと疑問に思っていたことを、私はYさんに率直に切り出してみた。

「さあ。私も知っている限り、あんな変わったお社は初めてなんです。ただ、以前の道祖神祭で感じたことがあるんですが、私の見た神様と、社殿が釣り合わない気がしたんです。M神社の社殿は新しく、立派で綺麗なものですが、あの神様がお入りになられるには、サイズが小さいと思うんです」

（小さいだって？）

メモを取る手が思わず止まった。ちょっと待て、私は今、何を相手にしている？

また何か途方もないことに首を突っ込んでいないか？

「度々すみません。Yさん、メールにもありましたが、あなたがM神社の道祖神祭で見た『賽の神』とは、どのような姿をしていたんですか？」

「空を舞っていたので、間近でつぶさに見た訳じゃありません。ちょうど、燃え上がるどんとの炎の真上で、銀色に光る、大きくて長い姿がくるくると舞っていたんです。それを見て『ああ、神様が大き過ぎるんだ』って……」

龍神、という単語が脳裏を掠める。

時系列には前後してしまうのだが、姉妹書『物忌異談』に掲載されている「魔物」のエピソードのときにも、取材者に対してそんな伝承上の存在を示唆していいものかと戸惑ったが、やはりこのときもどう処理したらいい種類の話なのかと途方に暮れた。実際に現場に足を運び、その様子を見てみたいと私は述べたが、Yさん曰く、既に今年の小正月は過ぎてしまったので、次回は一年後になるという。

因みに、体調を崩している真っ最中だったので、彼女は今年の道祖神祭は参加していないとも付け加えてくれた。

隣接する溝の口駅からは人身事故による運行休止のアナウンスが絶えず聞こえてくる。神社の拝殿に収まり切らないという、そんな存在がいると仮定すれば、神社の役員に苦情メールを送ったYさんに、パソコン画面を介してその身を刃で貫くことも、線路内に人間を投げ込んで、それを探ろうとする私のような輩を阻止しようとするのも、いとも簡単にやってのけるだろう。

神社の名前や祭神に話題が移ったところで、同席していた妻は話に興味を失ったらしく、黙々とデザートを食べている。少しの沈黙。

ただ、どうにもすっきりしない。腑に落ちない部分が往々にある。単なる謎めいた怪異談として綴ってみてもいいのだが、ガイドラインが余りにも不明瞭な話では、読み手である読者側が置いてけぼりになる。それを危惧した私は、今回の人身事故を含めた意味で、再びYさんに疑問をぶつけてみた。

「ちょっと思うことがあるのですが、それほど立派で大きな神様なのに、今起きている件（人身事故）を含めて、手段がかなり荒っぽい気がするんですけど。この件、神社の役員さんの愚痴をメールで送っただけで、起こっていることのスケールが大き過ぎないかと今思っているのです。神様ってそういうことをすると思いますか？」

「日本の神様には「和魂」と「荒魂」があるからと私個人は考えますが、まあそれでも、確かに荒っぽいと言えば荒っぽいです」

彼女もまた、レストランのガラス窓をちらりと見た。運行休止のアナウンスはまだしきりに聞こえてくる。

「M神社の遷座前の場所が絡んでるかもですね」

Yさんはそこで、自分なりに調べたという新しい事実を告げた。それは土地開発が行われてM神社が現在の位置に遷座する際、開発を手掛けた企業が、神社に様々な形で寄進や寄附を行ったということであった。勿論、違法性のあるものではないそうなのだが、利潤追求が目的の大企業が、こういうことを行うのは珍しいと言うのである。

「それ、よっぽど何かあったんですかね。俗説ですが『神様に何かをお願いしたら倍返し』というくらいですし、実際そういう話もこれまで何回かあって……」

そうして私が、本書冒頭の「身固」のエピソードを口にし掛けた刹那。

突然Yさんの首が、かくんと垂れた。

そして次の瞬間、顔を上げた彼女が、奇妙なことを口にした。

「貴方の言っていることは正しい」

違う。

先ほどまでの、Yさんの視線とは目力が違う。口調もだ。

「ただし、貴方のそれは正確ではない。神仏に願いを掛けたのなら、その返礼は三倍返しと心得た方がいい」

違う。これはYさんではない。誰だこれは？

二つの単語が、同時に脳裏を過った。

神降ろしという言葉と、M神社の祭神という言葉だ。

このときの、私の心象風景を一言で再現しようとすれば、瞬間、私と目の前に座るYさんに降りた「何か」以外の存在が視界から消えた。このような紙上で問い掛けるのも変な話なのだが、読者の皆様が、突然このような存在に遭遇して問い掛けられたとき、一体どのような対応をすれば良いと思われるだろうか。

私は数秒意識が飛んだ。全身に鳥肌が走る。

そして、幾つもの思考が、凄まじい勢いで脳裏を駆け巡った。

恐らく非力な草食動物が、獰猛な肉食獣とほぼ零距離で遭遇した場合に、自身の細胞のひとつひとつが、一番高い生存確立を探るのだろう。

目の前のものがその気になれば、私などひとたまりもないことが分かる。感じる。武道などを齧ったことがある人間なら、相手を目にすれば、その力量に差があり過ぎるのをひと目で判断できるのと同じ理屈だ。

蛇に睨まれた蛙。正にこのときの私が、そんな状態だった。

――迂闊だった。人身事故があったのは、すぐ隣の駅……。

――まさか、こんな場所で祭神が降りてくるとは……。

――会話は聞かれていた。どう対応したらいいのか……。

――この問答にしろ、下手なことを答えれば、『被る』……。

脳内を、幾つもの思考が駆け巡る。ふと、ある閃きが走った。

「そう言えば先日、こんな場所へ出向きました……」

当時使用していた折り畳みガラケーを開いて再生させた画像を見せるなり、Yさんに降りていた「何か」が、突然恐怖の表情を刻んだ。

『怖い……！』

そう一言叫ぶなり、またYさんの全身がかくんと揺れた。

(抜けた……？)

私が思った瞬間に、周囲の空間は元に戻った。笑顔やお喋りが交錯する店内のざわめき。駅の方角から聞こえる事故発生のアナウンス。

しかし、我に返ったYさんは、とんでもないことを口にした。

「今のは、今ここで話していたのは私じゃないですから！　私はそこで、お二人の問答の様子を見てましたから！」

そうして、私の傍らの、何もない空間を指差したのである。

二度目の鳥肌が全身を走った。間違いではなかった。やはり私が話したのはM神社の祭神だったのだ。妻は傍らで呆気に取られている。時間にしてほんの二、三分。その間に命を削るようなやりとりがあったことを、全く認識していない様子だ。

「分かっています」

それだけを返答するのがやっとだった。

「M神社の御祭神、ですよね……？」

「多分、そうだと思います」

「今、何があったんですか？」

私の問い掛けに、Yさんは真っ青な顔色で答えた。

「籠さんと話している最中に、ここの天井を突き抜けて、雲みたいなものが降りてきたんです。そこから、三十代くらいの髭面の男性の顔がちらりと覗いて「あっ」と思ったら、私はそこに置かれていたんです」

彼女はそう言って、先ほどの場所を指差した。

取りあえず、何と返答していいのかも分からない。これまでにも怪談異談の類を取り扱って、それなりの場数と体験をこなしてきたつもりではあったのだが、今この場所の、目の前で起きた不可解な出来事を解釈できる物差しは持ち合わせていなかった。

「でも、籠さん、冷静に対処されましたよね。見ていて凄いなって」

「一度、見たことがあったんです。御嶽山の『御座立て』。正確には『御座立てもどき』ですけど、あのときに似ていたので」

それは、以前に友人から「よく当たる占い師のおばあさんがいる。仕事は口コミの方しか引き受けなくて、大企業の社長さんや国会議員さんなどもお忍びで相談に訪れる。良かったらお引き合わせしますよ」という触れ込みで紹介された、木曽御嶽山で修行を積まれた行者の老婆だった。

紹介された場所を訪れると、息子さんが経営されているという会社のビルの脇に、古びた二階建ての日本家屋があり、その二階が彼の母親である占い師の老婆の住まいであった。老婆は若い頃、木曽御嶽山で修験道を修め、指導者としての資格を有しているという。その老婆は私と会話中に突然トランス状態に陥り、全く別の人間（恐らく男性）として喋り始めたことがあったのだ。

そして、内容は伏せるが、それは全て的中していた。

木曽御嶽教では、神降ろしの儀式を『御座立て』と呼び、神霊を降ろせる先達《せんだつ》のことを「中座《なかざ》」、それに質問する側を「前座《まえざ》」と呼ぶ。勿論、神霊を降ろす中座の方が霊力が高いので格上ということにもなる。今回の場合、霊感の強いYさんは神霊の降りる場所＝神籬であり、依代・中座として使われたことになり、前座を務めたのは前回と同じく私ということになる。

とはいえ、今回の事件に関しては御嶽山の老婆の場合と違い、余りにも唐突にYさんの神懸かりが起きたので、私も一瞬、思考停止を起こしてしまった。


「……あの、籠さんが『神様』に見せた、あの画像は何だったんですか？」

Yさんの質問に、私はもう一度携帯を開いて見せた。

「今年の十日に、F不動に訪れたとき、たまたま鏡開きの儀式をやっていて、それを撮影したものです。修験者に模した僧侶達が、餅を煮込んだ大鍋に『五大明王』を降ろしている所なんですが、神様相手に何を話せばいいかと迷ったら、咄嗟にそれが浮かんで……」

するとと、彼女は強張った声で呟いた。

「実は私、さっき『そこ』で、籠さんと『神様』の会話を見ていたとき、籠さんの携帯画面から、物凄い数の『蛇』が飛び出していて、あの『神様』、それにびっくりして私の身体から飛び出したんです。だから篭さん、何やったんだ？　って……」

これには私が沈黙してしまった。

実を言うと、木曽御嶽山の『御座立て』には厳粛な手順があり、下手なことを質問して降ろした『神様』がお怒りになり、帰ってもらえなくなったら一大事と考えた私は、咄嗟に「神仏に関した話題」として、それを出したに過ぎなかった。

ところが、目の前に座しただけで圧倒的な迫力を醸していたM神社の祭神が、呆気なく退散してしまったことに、別の意味での戸惑いを覚えたのである。

(あれだけのことをやってのける荒っぽい『神様』が？)

そして、私の携帯画面から飛び出していた『蛇』とは一体何なのか。ありとあらゆる意味で、この件は謎だらけの展開となってしまった。

「どうしたの。二人とも何の話をしているの？」

状況を呑み込めていない妻が、首を傾げながら尋ねる。ディナータイムを迎えている混雑したレストランの中で、私とYさんだけが、言い知れぬ畏怖と脅威に慄《おのの》いていた。

「出ましょう。お話は概ね伺えましたし、不明な点は後ほど連絡しますよ」

最早採話・取材を続ける空気感ではない。

M神社の祭神もまだその辺にいるような気がしてならなく、この辺が潮時だなと判断したからである。だが、レストランの会計を終えて外に出たものの、神様が降りてきた精神的ショックからか、Yさんの顔色は非常に悪い。ふと見ると駅ビルの並びのファミレス看板が目に入った。

「良かったら、そこでもう少しお喋りしていきましょうか」

その時刻は午後七時半くらいだったと思う。そのファミレスに入ってからは、怪談異談の話には一切触れず、最近の自身の失敗談や、映画やドラマなどの話題を振って、できるだけ彼女の緊張を解すだけに専念した。

二時間もするとYさんの硬い表情も解けてきたので、そこを出ることにした。

駅前ロータリーで別れる寸前、Yさんはぺこりと頭を下げた。

「ありがとうございます。籠さん、私を気遣ってくれたんですよね」

バレバレの気遣いではあったが、笑顔で頭を下げ、南武線ホーム方面へと向かっていくYさんを見送り、取りあえずひと安心と田園都市線の改札へと向かうと、どういう訳か、ホームはまだ大勢の人で溢れ返っていて、運行掲示板も調整中になっている。

「あれ、まだ事故処理中なのかな。あれからもう五時間くらい経過してるんだけど」

「本当だ。随分長引いてるね」

首を捻っていた私と妻の頭上で、スピーカーから構内アナウンスが流れ始めた。

『……お客様にお知らせ致します。田園都市線は午後七時四十分頃、用賀駅にて上り線の線路のひび割れが発生した関係で、運行は再開しておりますが、現在、快速車両の運転を休止中、ダイヤが大幅に乱れております。繰り返します。東急田園都市線は午後七時四十分頃……』

よく、小説などで「頭を殴られたような衝撃」という言い回しをすることがあるが、このときの私が正にそれだった。

電車は、あれからまた止まったのか。しかも私が帰る予定の上り方向。重ねて用賀駅は、この武蔵溝の口からたった四つしか離れていない。

広い運転区域の中の、ほんの僅かな間隔の中で一日に二度も。しかも二時間と経たない時間帯で、そんなことが有り得るのか。しかもその事故の発生時間は、私がYさんをファミレスに誘い直した時間から間もなくだ。

もしもあのとき、私が彼女に気を使うことなく、まっすぐに帰宅していたら。

この日三度目の鳥肌が全身に走った。

一体、私は何を相手にしていたと言うのだろうか。

結局、そこからの数日間は、共著書の原稿締め切りが迫っているというのに、全く手を付けることが不可能になってしまった。

出来事が余りにも衝撃的だった為、脳内がオーバーフローを起こした様子で「幽霊を見た、こんな話を聞いた」というお話に、全くを怖さを感じなくなってしまったからだ。翌日の新聞を開くと、昨日の通勤時間帯に起きた田園都市線の二重事故により、渋谷駅を中心にして東横線・京王線、そしてJR山手線がパンク、二子玉川駅に乗り入れていた大井町線も一時運休となり、周辺路線を含めて、述べ十七万人の足に影響を及ぼしたと言うのだ。しかも、用賀駅で起きた線路のひび割れによって、運行中の電車が数両、地下に閉じ込められ一時間近くも立ち往生、車両内で急病人も発生したという。あのとき私がYさんを気遣って寄り道をしなかったら、この車両のどこかに私の姿があったかもしれない。

私の心は、そのスケールのでかさに完全に呑まれて折れてしまっていた。こんな桁違いの怪異など、今までお目に掛かったこともなければ見聞きしたこともない。それは言葉にすれば「あんなことさえ起こり得るのなら、心霊体験くらい普通に起こって当たり前じゃないか」という感覚に陥ってしまったのである。

勿論、あの悪夢のような二重の鉄道事故は悪い偶然の連続だったのかもしれない。しかし、場所や時刻が二度とも私の行動とシンクロし過ぎている。恐らくこれに気が付いているのは私とYさんと、そして、あのM神社の祭神くらいだろう。

出来事の余りの大きさ、不可解さ、奇妙さに、その事件の背景すら見出せない。

そんなとき、私のパソコンに一通のメールが届いた。

差出人はYさんからであった。

『籠さんこんにちは。先日はどうもお世話になりました。時間が経過して、あの日のショックも大分治まって落ち着いて参りました。まさか、あんな場所であんなことが起きるなんて。奥様から私と別れた後のお話も伺って大変驚きました。と、同時に、籠さんにあの神社の名前と住所を教えなければ良かったなと、今は後悔しています。きっと籠さんのことですから、現場の実地調査に赴きたいと考えていると思うのですが、この件に関して、もうこれ以上は踏み込まない方が賢明かと思うのです。と言うのは、あの日、溝の口のレストランで籠さんと神様が話されたとき、実はあの方、同時に私にも話し掛けてきたんです。籠さんのことを知っている様子でした。添付した別ファイルにその内容を記してあります。もしも籠さんがその内容を知りたければ、M神社には行かないでください。ですが神社に行かれるようでしたら、そのファイルは開かず削除してください。宜しくお願い致します』

また謎が提示されてしまった。

パソコン画面を睨みながら腕を組み、私は思案に暮れた。

何故、M神社の祭神が、私のことを知っていると言うのか？

それを知らないまま、迂闊に足を運ぶ訳にはいかない。しかしファイルを開いてその内容を確認してしまったら、Yさんは神社に行かないでくれという。ファイルを覗いてから、彼女に内緒でM神社に行くという、乱暴な手もあるかもしれない。が、今回以上の出来事が起きてしまったらと考えると、それは悪手としか思えない。相手は幽霊や妖怪以上に謎に満ちた、不可思議な神社の主なのだ。

それに約束を破ったことがバレれば、Yさんからの執筆許可も下りないであろう。どのみち現場に訪れることが叶わないと言うのなら、この話はここで打ち止めなのだ。

覚悟を決めた私は、思い切ってYさんのメールに添えられた添付ファイルを開いてみた。その内容は以下の通りである。

『あの神様があの夜、籠さんと話していたとき、私も同時にあの場所で神様に話し掛けられました。「あの男がそうであるように、お前もそうあるように」と。私は「お言葉に背くようですが、私は神様の御期待に応えられません。私は私自身の人生を歩みたいのです」と答えました。神様はただ一言、「諾」と』

私はYさんとの約束を守って、M神社に関する一連の事件の調査を中止した。したがって二〇〇八年刊行予定だった共著書に、この原稿は提出していない。

ところが更に一年後。

この事件は、思わぬ結末を迎えることになる。

追

「道祖神祭」の事件が起きてから、一年が過ぎようとしていた。

その日、私は二冊目の共著の原稿依頼を受けて、再び手持ちの不思議談や心霊体験談の文字起こしに勤しんでいた。締め切りは前作と同じく二月末。やはり原稿の八割方は既に仕上がっていて、残りのページにどの話を盛り込もうかと頭を捻っていた、正にそのときだった。

PCデスクの横に置いていた携帯のメール着信音が鳴ったのである。

確認すると、それはYさんからであった。どうしたのだろうと画面を開いた私は文面に目を通して血の気が引いた。

『籠さん、おはようございます。実は私、今M神社の前におります……』

思わずメールの画面から目を離し、呼吸を整えた。

昨年の一月二十四日。東急田園都市線の二重事故のあった夜に、Yさんを依代＝中座として、M神社の祭神が降りてきた、あの神降ろし事件の強烈な印象が蘇ったのである。彼の出来事に関しては、私は体験者であるYさんの勧めに従い、その後の事件の聞き取りを中止していた。

しかし、謎は心の中で燻ったままである。

神事に夢中な同僚を諌めたYさんをパソコン画面を介してその胸を刃で刺し、人間の精神を肉体から簡単に引き抜き、取材に赴いた私の足を止めるべく、二度に亘る電車事故を引き起こした、本殿に収まり切らない巨大な姿を持つという、M神社の祭神。

何故そのような強力な「神様」が「五大明王」の画像を見て逃げ出したのか。

Yさんが託してくれた、謎めいたメッセージの真意は、一体何なのか。

実のところ私は、事件の謎の巣窟と化したM神社が、どういう場所なのかと、足を運びたくて仕方がなかった。しかしそれは同時に彼女との約束を破る行為でもあり、下手を打って、あの神様をまた怒らせてしまったらと考えると、二の足を踏むしかなかった。Yさんの身に何かが起きてしまっても、責任の取りようがない。そんな諸々の理由で、結局、私はM神社に赴くことを諦めていた。

それが何故、今になってから？

しかし、事件以来、脅えてM神社に近寄らなかったYさんが、一体どういう風の吹き回しなのかとカレンダーを見て、はっとした。

一月二十三日。あの日から明日で、ちょうど一年になろうとしている。

私は慌ててYさんに返信文を綴った。

「Yさん、どうしたんですか？　あれだけM神社を怖がっていたのに。また何かあったんですか？」

『実は、さっき気が付いたら私、ここに立っていたんです』

届いた返信に目を通して、私は動揺を覚えた。添付された画像にはM神社の鳥居と参道、そして拝殿が正面から撮影されていた。

『実は私も、暫くはこの社が怖くて堪らなかったんですが、時間が経つにつれて、あのときいけなかったのは私の方だと思うようになってきたんです。私はこちらのお社の事情も知らなければ、神事の手伝いをしている訳でもないのに、それを大切に継承されている方々に失礼だったんじゃないかと。今日ここに引っ張られたなと分かったとき、こちらの神様、本当はあの日、「籠さんとお話がしたかった」んじゃないかとも考えたんです』

Yさんからのメールは更に続いていた。

『籠さん、人間が幾ら意地を張っても、結局のところ神様には勝てません。今の私にはそれがよく分かるので、たった今、社殿に手を合わせて非礼をお詫びしてきました。折角向こうから水を向けてくださったんです。この辺でお互い「手打ち」ということに致しませんか？』

彼女からの文面を読みながら、私は大きく溜め息を吐いた。

一年前のあの日に起きた、数々の不可思議な出来事。

『今の貴方は、M神社が怖くないんですか？』

『はい、全く』

その返信を読んで、私は腹を固めた。

『Yさん、いつぞやの刃物事件のとき、M神社に奉納したという越乃寒梅、幾ら位の奴を納めたんでしょうか？』


その週末、私は覚悟を決めて、奉納用の越乃寒梅片手に、自分の車でM神社を訪れた。車で訪れた理由は、Yさんが「一応、結果がどうなるか分からないので、電車は避けた方がいい」と付け加えてきたからである。

真新しい鳥居に真新しい石畳。そして真新しい拝殿。

これまで私が訪れた神宮・大社系のお社の規模と比べれば、全体的にこぢんまりとした印象は否めない。だが新興住宅地の中で、これだけの敷地面積と拝殿を構えていられるのは、それだけで立派なものだと思った。

Yさんと違って、私は霊が見えたりするようなことはない。だが鳥居を潜ってすぐに、彼女の話と少々食い違うものを感じ取った。神様の気配がする。

普段、この社は神様がいないのではなかったか？

そう考えていると、敷地の片隅に何かを燃やしたような跡がある。

（あっ……）

それが『道祖神祭』の跡と気付いて、閃くものがあった。

一年前のあの事件もまた、一月の出来事であったのだ。

（そうか。この社は、一月にだけ神様がいるのだ）

そう、元々正月とは、八月の「盆」と対応していて、半年ごとに先祖を祀る行事であり、それが仏教の影響が強くなるにつれて八月が先祖の帰る「盂蘭盆会《うらぼんえ》」、一月が「歳神《としがみ》」を迎えながら年越しを祝い豊作を願う「神祭り」に変貌したと言われている。

（ここの社の神様が『五大明王』を畏れた理由って、まさか……）

私はYさんとの約束を尊守して、M神社に赴くことこそしなかったが、ネットや資料を駆使して周辺情報だけは調べていた。すると幾つかの興味を惹く事実が浮かんできたのである。まず、M神社を含むこの広大な新興住宅地のある土地は、以前、標高こそ低いが一つの「山」だったのである。それが昭和後期の宅地開発によって跡形もなく切り崩されてしまい、現在その名称は、地図から抹消されている。そしてこの開発地域全体のあちこちに、修験道の流れを汲む山岳信仰の足跡が垣間見えた。

修験道の根幹思想は自然崇拝なのだが、その中には死者の霊（祖霊）が山に登ってそこに住まう「山中他界」という考えがあり、これは神道にも受け継がれている。

全てが繋がったような気がした。

M神社の祭神とは、そんな山中他界の「神」なのではないだろうか。

そしてM神社は、神社という形態をしてはいるが、この山中他界をしている修験者や祖霊等が、この地に今住まう人々とともに、正月を共に祝う場所として機能しているのではないのだろうか。Yさんは歴史や神道には強いが、学者肌の女性であって山登りをするタイプではない。そんな理由で、修験道・山岳信仰の経験知識が乏しかった為、この社の特性を把握できなかったのではないだろうか。

そして「五大明王」の中心座にある「不動明王」は、山中にて修行を行う修験者等の守護仏として余りにも有名な存在でもある。一年前のあの日、私の元に降りてきたM神社の神(祖霊？修験者？)は、自身が崇拝していた「不動明王」を私が信仰していることに驚いて、あの場から立ち去ったのかもしれない。そう考えればYさんに託された謎のメッセージも、ある程度理解できる。

様々な想いを馳せながら社の前に辿り着くと、早朝であったにも拘らず、御祈祷が行われていた。拝殿の扉越しに、祝詞を唱えている神職の後ろで、頭を垂れている若い夫婦が一組。私はその姿を眺めながら、賽銭箱に小銭を滑り込ませ、静かに二礼二拍一礼。

(本日は、一年前の件をお詫びしたく足を運んで参りました。御神酒を奉納にお持ちしましたので、どうぞ御賞味頂けますよう)

そう心の中で唱え、合掌。

暫くしてから合わせていた掌を解き、社務所へと向かう。

インターフォンを目の前にして、私の心には微かな躊躇いが生じていた。一旦覚悟を決めて自宅を出てきたものの、よく考えれば、この社に足を運んだのは初めてなのである。初参拝の知らない顔の人間が突然「御神酒の奉納を行いたい」などと切り出したら不審に思われないだろうかと危惧したのだ。すると目の前でからりと引き戸が開き、先ほど拝殿内で祈祷を受けていた若い夫婦が、宮司の奥様らしい老婦人に見送られながら現れた。

「何か、御用でございますか」

彼等を見送ると、老婦人は柔和な笑みを浮かべてこちらに振り返り、そう問い掛けた。

「あ、御神酒の奉納を行いたくて……」

老婦人は私をちらりと眺めて「どうぞ」と引き戸の奥へと促した。てっきりそこで奉納者の住所氏名を書かされるのかと思ったのだが、婦人は拝殿へと続く渡り廊下の方を掌で示す。

「どうぞ」

そこに先ほどの祈祷を終えた宮司が現れた。老婦人が何やら耳打ちすると、宮司も頷いて「どうぞ」と渡り廊下へ私を促す。恐らく狐につままれたような顔をしていただろうと思う。私は手にしていた越乃寒梅を老婦人に渡すと、玄関で靴を脱ぎ、先を往く宮司の後に続いた。

辿り着いたのは拝殿である。

「どうぞお掛けください」

宮司が祈祷者用の椅子に腰掛けるよう促す。ここで何か説明でもあるのかと思ったのだが、私の期待を他所に、宮司は拝殿に向き直ると、傍らにある太鼓を打ち鳴らして拍手を打ち、そのまま祝詞奏上を始めたのである。

（えっ？）

狼狽する私を尻目に、宮司は「お身体のお清めを行います。御低頭くださいますよう」と言いながら大幣《おおぬさ》を振るう。

「玉串の奏上を行います。どうぞ御壇上へ」

（ちょっと待ってくれ、これはどういうことなんだ？）

とはいえこれは神事なのだ。やめてくれなどと口走れば、神社の祭神に対して失礼に当たる。

一瞬の躊躇の後、私は覚悟を決めて祭壇の前に立った。

神社の昇殿は決して初めてではない。ただ大抵の社では、十数人単位で一度に御祈祷を行うのが普通なのだ。しかしこのときは、私一人が事件の遺恨の残る、あのM神社の祭壇の前に立たされたのである。

膝が微かに震えていた。緊張の為に呼吸も苦しい。

ここで作法などをしくじったら、どうなってしまうというのか。

落ち着け、落ち着けと自分に言い聞かせながら、私はゆっくりと榊《さかき》の根元を時計回りに回転させせて祭壇の前に供えた。震えの来る手で二礼二拍手一礼。

「それではお下がりください」

壇上から降りると、宮司は私に頭を下げて、そのまま社務所の方向へと促した。

「どうもお疲れ様でございました」

呆気に取られながらも、社務所に戻ると、さっきの老婦人が柔和な笑みを浮かべながら、引き戸を開いて待っている。

「どうもお疲れ様でございました」

何の説明もないまま玄関から出されると、私の背後で、社務所の引き戸は静かに閉じられた。

(これは、何なのだ？　さっきの祈祷は一体何だと言うのだ？)

通常、昇殿祈祷を行う場合、祈願者の氏名住所と祈願内容が必要になる。それを神前に奏上して取り次ぐのが神職の役目なのだ。

しかし私は宮司に名前も住所も、そして今日、何の目的で御神酒の奉納を申し出たのかも知らせていない。誰もいない参道の石畳の上で、私はもう一度、M神社の拝殿を振り返った。

きっと、あれは和解の印なのだ。

もう既に貴方は理解している。私も貴方を理解した。

この問題に関する互いの確執はこれで終いにしようという、神社の祭神からの気遣いなのだろうと私は考えることにした。

『あの男がそうであるように、お前もそうあるように』

Yさんが託された祭神のメッセージが脳裏を過ぎる。苦笑いを浮かべながら、私は愛車のエンジンをスタートさせて、M神社を後にした。


〈何事のおわしますかはしらねども、かたじけなさに涙こぼるる〉

――西行法師

現代雨月物語 身固異談

2022年3月7日　初版第一刷発行

著者……………………………………………………………………………籠三蔵
カバーデザイン…………………………………………… 橋元浩明（sowhat.Inc）

発行人…………………………………………………………………………後藤明信
発行所………………………………………………………………株式会社　竹書房
〒102-0075　東京都千代田区三番町8-1　三番町東急ビル6F
email: info@takeshobo.co.jp
http://www.takeshobo.co.jp
印刷・製本……………………………………………………中央精版印刷株式会社
